Diogenes Taschenbuch 24657

AF186032

LUKAS HARTMANN, geboren 1944 in Bern, studierte Germanistik und Psychologie. Er war Lehrer, Journalist und Medienberater. Heute lebt er als freier Schriftsteller in Bern und schreibt Bücher für Erwachsene und für Kinder. Er ist einer der bekanntesten Autoren der Schweiz und steht mit seinen Romanen regelmäßig auf der Bestsellerliste.

Lukas Hartmann

Schattentanz

Die Wege des Louis Soutter

ROMAN

Diogenes

Die Erstausgabe erschien 2021 im Diogenes Verlag
Covermotiv: Farboffset von Louis Soutter,
›Lune et petites lunes tournez‹
Foto © The Picture Art Collection/Alamy Stock Photo

Veröffentlicht als Diogenes Taschenbuch, 2022
Alle Rechte vorbehalten
Copyright © 2021
Diogenes Verlag AG Zürich
www.diogenes.ch
60/22/852/1
ISBN 978 3 257 24657 5

L'amour est un fil de soie
ou qu'on noue
ou qu'on coupe
Louis Soutter

Inhalt

I
Charles-Edouard

Ich glaube, es war 1927, als ich das erste Mal zu
ihm nach Ballaigues fuhr, zu meinem Cousin
Louis Soutter. Er war in Morges am Genfer See
aufgewachsen, der Sohn der Schwester meines Vaters, die einen Apotheker geheiratet hatte. Unsere
beiden Familien hatten kaum Kontakt. Nur selten
vernahm ich etwas über ihn. Ich wusste lediglich,
dass ihm die Karriere als Violinist nicht geglückt
war und er nun mit kleinen Unterhaltungsorches-
tern in Schweizer Kurorten spielte. Als ich wieder
einmal zu Besuch bei den Eltern in La Chaux-de-
Fonds war, sagte mir die Mutter, Louis schlage nun
endgültig aus der Art, er habe sich verschuldet, sei,
obwohl erst fünfzig, zwangsweise in einem abge-
legenen Altersheim im Jura untergebracht, dort
zeichne er fremdartige und erschreckende Figuren.
Er sei förmlich besessen davon, das habe sie über
Bekannte erfahren, er sei Dorfgespräch wegen seiner Kleidung, die man für extravagant halte, und

9

auch wegen der Nackten, die er zeichne. Louis hatte ich vor Jahren, da war ich noch ein Kind, bei einem unserer seltenen Familienfeste getroffen. Ich erinnerte mich schwach an ihn, nein, eigentlich überhaupt nicht, ich bin ja sechzehn Jahre jünger als er. Vermutlich hielt er sich abseits von der Jeanneret-Sippe, die da zusammenkam, und so nahm ich ihn kaum wahr, es gab auch andere extravagante Figuren, die meine Aufmerksamkeit fesselten. Was mir die Mutter über Louis erzählte, machte mich nun aber doch so neugierig, dass ich beschloss, bei meinem nächsten Aufenthalt in La Chaux-de-Fonds in den Weiler Ballaigues zu fahren und den verlorenen Cousin aufzusuchen.

Ich erinnere mich genau an diese erste Begegnung. Es war im März, ich fror, als ich das Auto verließ. Offenbar galt ich als wichtiger Besuch. Man holte die Leiterin herbei, eine unangenehme, vierschrötige Person, sie führte mich persönlich in den ersten Stock, wo Louis sein Zimmer hatte. Die Leiterin klopfte kurz an, trat dann gleich ein. Der Geruch, der mir entgegenschlug, war abschreckend, aber immerhin vermischt mit dem von Farben und Tusche. Und man gewöhnte sich schnell daran. Der Mann, der in höflicher Verwirrung von seinem mit Papier übersäten Arbeitstisch aufstand, war groß und hager, schlottrig gekleidet, er hatte reflexartig das Blatt, an dem er arbeitete, umgedreht. Er wirkte auf mich mit dem knochigen Gesicht irgendwie alterslos, seine auffallend großen und dunklen Augen musterten mich fragend, in ihnen lag ein Schrecken, den ich zu vertreiben versuchte, indem ich mich als sein Cousin Charles-Edouard Jeanneret zu erkennen gab. Da hellte sein Gesicht sich auf. Er stelzte auf seinen langen Beinen um den Tisch herum und reichte mir beide Hände, ließ sie gar nicht mehr los. »Ein Jeanneret? Du bist doch Architekt, oder?« Er lachte sogar kurz auf, während die Leiterin sich zurückzog und die Tür hinter sich schloss. Ich sah auf dem Tisch, neben den Blättern, Tintenfässer, Federhalter.

»Ich habe von dir gehört«, sagte ich und erwiderte sein Lachen, das ihn völlig verwandelte. »Ich wollte mir ansehen, was du zeichnest. Wenn du es erlaubst.« Ich deutete auf die Papierstapel, die blauen Schulhefte, die am Boden lagen.

Als er meine forschenden Blicke sah, wurde er verlegen. »Ach, das ist nicht viel wert.« Seine Stimme klang wieder unsicher, verlor sich beinahe in einem Flüstern. »Es ist so lange her, dass ich Kunst studierte, ich habe fast alles vergessen.«

»Manchmal tut es gut, von vorne anzufangen«, entgegnete ich (oder etwas in dieser Art).

Da nickte er mehrmals, mit großer Überzeugung. »Ja, ja, so ist es. Das Neue muss von innen kommen.«

Ich bemühte mich um ein ermunterndes Lächeln. »Zeigst du mir etwas von dem, was du geschaffen hast?«

Er zuckte zusammen und zog sich hinter seinen Maltisch zurück, setzte sich umständlich, in zunehmender Scheu, wie mir schien. Ich hatte einen Moment Zeit, das Zimmer zu mustern: Neben dem Bett stand ein Schemel, darauf ein Waschkrug, darunter ein Nachttopf mit Deckel, in der Ecke ein kleiner Ofen mit schiefem Rohr, spürbar erkaltet. Die Einrichtung war spartanisch; Louis schien die Einfachheit nicht zu stören, ebenso wenig die beinahe blinden Fensterscheiben, die die Außenwelt vernebelten.

Ich setzte mich fröstelnd auf den zweiten Stuhl, den ich zum Tisch hinschob. »Fang doch einfach mit irgendeinem Blatt an.«

»Ich weiß nicht, wo ich anfangen soll«, sagte er verlegen. »Es sind Hunderte. Und manchmal entwendet jemand vom Personal das eine oder andere zum Anfeuern.« Er machte eine resignierte Gebärde. »Ich darf nicht erwarten, dass sie in dem, was ich tue, einen Sinn sehen.«

Mir fiel auf, wie gewählt er redete, fast altväterisch, ohne Dialektfärbung; das kam bei den übrigen Insassen bestimmt nicht gut an. Ich rückte den Stuhl auf seine Seite, und er fing an, mir die Blätter vom ersten Stapel, der hinten auf dem Tisch lag, zu zeigen, es mochten fünfzig oder sechzig sein. Er hob beinahe mit Zärtlichkeit jedes Blatt mit zwei Fingern hoch und legte es direkt vor mich hin. Dann schob er es weg und schuf am Tischrand einen neuen Stapel.

Mir diese Werke so unvermittelt anzuschauen, war eine schockierende, eine völlig unerwartete Erfahrung. Man wird in diesen Liniengeflechten konfrontiert mit eigenen Phantasien, die, nie voraussehbar, Alpträumen gleichen oder paradiesischen Vorstellungen vom Nebeneinander nackter oder halbnackter Körper, man sieht das leere Kreuz und weiß nicht, vollführen die Gestalten ringsum einen Freudentanz oder trauern sie in allen Posen, mit flehend ausgestreckten, übergroßen Händen. Mit jedem Blatt, das er vor mich hinschob, wurde mir klarer, dass dieser Mann, mein Cousin, ein bedeutender Künstler war. Wenn auch ein völlig unbekannter. Mir verschlug es die Sprache. Ich nickte bloß, bedeutete ihm ab und zu mit einer Gebärde, das Blatt noch nicht gleich zu wenden, damit ich mich länger in den Anblick vertiefen konnte. Plötzlich fuhr er mit der freien Hand über den Ärmel meines Vestons. »Das ist ein feiner Stoff«, sagte er, der eine abgetragene Weste trug, darunter ein mehrfach geflicktes Hemd, dem man den guten Schnitt immer noch ansah. »Schurwolle, nicht wahr?«

Ich stimmte mit einem unbestimmten Laut zu.

Er stutzte, schwieg, fragte dann unsicher: »Was hältst du von meinem Gekritzel? Du bist doch ein Kunstverständiger. Wie nennst du dich, Le Corbusier, nicht wahr? Du malst selber, hat man mir gesagt.«

Auch später stellte sich immer wieder heraus, dass er über weit mehr Kenntnisse verfügte, als man ihm zutraute; er las Zeitungen, die ins Heim kamen, er war informiert über aktuelle politische Ereignisse, hatte seine eigene Meinung dazu, die ich oft nicht teilte. Aber diese Bilder, dieser Reichtum an Details und Sujets, diese kompositorische Sicherheit!

Eine Antwort fiel mir schwer: »Darauf war ich nicht gefasst, Louis ... Das ist bemerkenswert. Man muss dich dringend bekannt machen, du verdienst größte Beachtung ...« Ja, etwa so redete ich, ein wenig schwülstig, aber da war etwas in dieser Kunst, das mich tief berührte, ja erschütterte, dabei bin ich der Mann der reinen Linie, der klaren Proportionen. Heute glaube ich zu verstehen, dass es das Gegensätzliche war, was mich so unmittelbar

traf, der Gegensatz zu dem, was ich zu leisten imstande war, genau das, wovon ich wusste, dass es
mir fehlte, die Kraft des ganz und gar Intuitiven,
denn aus diesen Bildern las ich, dass sie ohne Plan
gewachsen waren, aus der Bewegung des Stifts heraus, dem die Finger folgten, denen der Verstand
hinterherhinkte, der dann für das, was entstanden
war, geheimnisvolle Titel fand, die Louis in steiler
Schulschrift irgendwohin setzte, wo noch Platz
war: *Tanagra, Jungfrauen von Gruyère, Unter
Nackten, Wir leiden unter der Liebe.* Dieses letzte
Bild – er habe es in der Vorwoche gezeichnet, erzählte Louis – zeigt Akte, Männer und Frauen, mit
übergroßen Händen, voneinander abgewandt, sie
möchten sich berühren, tun es aber nicht.

Er sagte, wieder fast unhörbar: »Wir haben
Angst vor dem Begehren. Man verliert sich darin,
nicht wahr?«

Die Nackte in der Bildmitte, verlockend üppig
in ihren Formen, erinnerte mich an Yvonne mit ihrem mediterranen Charme und dem braunen Teint,
aber Louis kannte meine Verlobte ja gar nicht. Ich
deutete auf sie. »Eine, die ihr gleicht, wird schon
bald meine Frau.«

Er musterte mich aus seinen viel zu großen Augen, sie wirkten so, als zwinge er sich, sie immer
noch weiter zu öffnen und alles, was sie sahen,

in sich hineinzutrinken. Aber was ist, dachte ich schon damals, wenn man den Andrang der Eindrücke nicht mehr aushält?

Vielleicht hatte ich laut gesprochen, denn er sagte: »Dann wendet man sich ab und ist allein wie stets.« Er überlegte eine Weile, wir schauten einander an.

»Ich war sieben Jahre mit Madge verheiratet«, fuhr er fort. »Es ist lange her. Wir haben uns geschlagen und zerkratzt, ich habe geschwiegen, sie hat mich angeschrien. So war das.«

»Warum denn?«, fragte ich, erneut aus der Fassung gebracht.

»Sie war zu schön für mich, zu begabt, zu reich. Das hat alles nicht zusammengepasst. Ich musste mich wehren, sie hat mich vertrieben. Verstehst du? Ein Kind hätte uns für eine Weile gerettet, ich wollte keines.«

Auch in den Jahren, die folgten, entdeckte ich auf Hunderten seiner Blätter keine Kinder. Es schien sie nicht zu geben in seiner Welt oder höchstens auf seinen eigenwilligen Kopien der italienischen Renaissance-Meister. Es gab ja keine Kinder im Heim von Ballaigues, ich hatte selbst auch keine. Und Yvonne auch nicht. Sie hatte eine Vergangenheit mit vielen Männern. Wäre ich auf sie eifersüchtig gewesen, wäre ich an der Eifersucht verendet. Dass sie mich wie ein Marktweib beschimpfte, wenn sie mich bei einer Affäre ertappte, das erzählte ich Louis später auf einer unserer Wanderungen, die ich mit ihm nach diesem ersten Besuch unternahm, weil er darauf bestand. Er lachte ein wenig, machte längere Schritte, die mich außer Atem brachten. »Mann und Frau«, sagte er, »das verträgt sich selten. Aber dass sie zusammenkommen, will ja die Natur, darum lasse ich die Natur über Liebespaare wuchern. Und um sie herum. Das dämpft das Seufzen und die Schreie.« Es war ein trauriges Lachen. Seine Aussagen waren oft so paradox oder vieldeutig, dass sie mich tagelang verfolgten und ich ihnen nicht auf den Grund kam.

Am Ende meines ersten Besuchs, der bis zur Abenddämmerung dauerte, schenkte er mir das Blatt mit dem Liebesleid. Eine Bezahlung lehnte er ab. Ich solle wiederkommen, sagte er, später könne ich kaufen, was ich wolle, und schenkte mir noch ein zweites Blatt, *Die Ankündigung des Bösen an zwei Engel.* Sie waren flügellos, sie streckten die Hände himmelwärts. Hinter ihnen stand ein Teufel mit geschwärztem, maskenhaftem Gesicht.

2
Louis

Als er 1904 endgültig aus Colorado Springs zurückkam, konnten seine alten Bekannten kaum glauben, wie sehr er sich verändert hatte. Er war ja erst Anfang dreißig, er hatte sieben Jahre zuvor, nach dem Wechsel von der Geige zur Malerei, überstürzt eine reiche Amerikanerin, Madge Fursman, geheiratet und war ihr in ihre Heimat gefolgt. Als Direktor der örtlichen Kunsthochschule soll er völlig versagt haben. Vor allem deshalb sei die Ehe gescheitert, so hieß es.

Seine Augen lagen tief in den Höhlen, noch verschlossener war er geworden, sein Ausdruck, seine Magerkeit machten ihn zu einem Fremdling. Hatte er auf seiner Rückreise wirklich einen Typhusausbruch überlebt, wie man herumerzählte? Hatte man ihn deshalb wochenlang in einer französischen Quarantänestation festgehalten? Niemand wusste Genaues. Er selbst schwieg, lächelte manchmal oder scheuchte lästige Frager von sich weg. Er wolle nun wieder Geige spielen, sagte er, und damit sein Geld verdienen. Die Bilder, die er gemalt habe, seien in Colorado Springs geblieben, sie hätten keinen Wert. Was zwischen ihm und Madge vorgefallen war, behielt er für sich.

Jeanne, die Schwester, setzte sich für ihn ein, und so boten ihm die Eltern vorübergehend sein altes Zimmer in ihrem Haus, der Apotheke von Morges, an. Er verschloss sich ganz in sich selbst, hielt es aber im alten Umfeld nicht aus. Er zog in eine Mansarde am See, die seine Eltern gemietet hatten. Dort versteckte er sich tagelang. Die Einzige, die sich ohne Angst vor Zurückweisung um ihn kümmerte, war die Schwester. Sie trat in der Region inzwischen als Sängerin auf, lehrte Gesang am Konservatorium Fribourg. Ab und zu kehrte sie übers Wochenende, trotz ihrer schwierigen Beziehung zur Mutter, nach Morges zurück. Dann klopfte sie an Louis' Mansardentür; wenn er nicht öffnete, wusste sie, dass er unterwegs war. Man sah ihn am See entlanggehen, eine Strecke hin und zurück, er schien auf niemanden zu achten, er verscheuchte auch Hunde nicht, die ihn verfolgten.

An einem Sonntag, drei Wochen nach seiner Ankunft, ließ er die Schwester herein, bot ihr den einzigen Stuhl an, er selbst setzte sich aufs Bett.

Sein Zustand war ihr ein Rätsel, sie wiederholte,

was sie ihm schon gesagt hatte: »Du kannst dich doch nicht von allem zurückziehen. Du vereinsamst ja total.«

»Ich kann nicht anders«, sagte er so leise, dass es beinahe ein Flüstern war.

»Warum denn? Was quält dich?«

Er schaute sie verloren an, schüttelte den Kopf. »Wenn ich das wüsste.«

»Wir waren als Kinder oft so übermütig.«

»Das ist lange her.«

Sie beugte sich vor. »Erklär mir doch endlich, warum du von Madge weggegangen bist.«

Er begann, als wehe ihn etwas Unangenehmes an, seinen Oberkörper leicht hin und her zu wiegen. »Du weißt es doch. Wir haben es nicht mehr miteinander ausgehalten. Eine andere Antwort gibt es nicht.«

»Da bin ich nicht sicher«, sagte sie. »Weißt du noch, wie du sie damals an Weihnachten in unser Haus gebracht hast? Und wie du deine Blicke nicht von ihr abwenden konntest? Bis über beide Ohren verliebt warst du. Und dann der Streit mit Maman.«

Er schwieg. Sie versuchte, mit weiteren Erinnerungen zu ihm vorzudringen, er wehrte sie ab, mit kleinen verbalen Paraden wie ein ungeübter Fechter. Aus dem Wasserkrug, der auf dem Tischchen stand, füllte er beiden das Glas, so viel Höflichkeit hatte er sich bewahrt. Sie trank, sie schaute ihn an. War das wirklich ihr Bruder, dieser ausgemergelte Eremit, der sich nicht mehr unter die Menschen traute?

»Was fürchtest du?«, fragte sie. »Was kann man dir antun?«

Er zuckte mit den Achseln, lächelte sogar auf seine Weise.

»Madge hat dich in die Enge getrieben, oder nicht? Sie ist eine stolze Frau, ich habe dich gewarnt.« Sie suchte seinen Blick, kämpferisch wie damals, als er sie im Obstgarten am Erklettern eines Apfelbaums gehindert hatte, fünf Jahre jünger als war sie und sträubte sich mit aller Kraft gegen seinen Versuch, sie festzuhalten.

Er schwieg, schaute durch sie hindurch, wie so oft; alles schien in ihn hineinzusinken, sich zu verlieren im Labyrinth seiner Gedanken. »Die Überfahrt«, sagte er völlig unerwartet, »sie war schrecklich, sie hat mich ausgezehrt, gebrandmarkt, zu viele Gescheiterte im Zwischendeck …«

Er verstummte, seine Wortwahl hatte sie bestürzt. Sie rückte näher, legte ihre Hand auf seine, die kalt war, aber nicht unempfindlich, denn er zuckte zurück wie vor einer Feindseligkeit, und da musste sie beinahe lachen, denn das war ein altes Spiel zwischen ihnen: Berührungen suchen,

Berührungen vermeiden. Bruder und Schwester durften sich nicht zu nahe kommen, das Gebot hing über ihnen wie in Stein gemeißelt.

Sie zwang sich zu Geduld. »Was willst du jetzt? Was hast du für Pläne?«

Er lächelte wieder. »Eigentlich keine, im Moment. Und du?«

Sie straffte sich. »Ich will singen, Konzerte geben, und ich will unterrichten. Und einen Frauenchor habe ich gegründet, in La Neuveville. Das ist neu bei uns. Ich dirigiere ihn. All dies nebeneinander, gegen den Rat unserer Mutter.« Das hatte sie ihm schon erzählt, bei ihrem ersten Gespräch nach der Rückkehr, es war in ihm versickert und tauchte plötzlich wieder auf.

»Dann viel Erfolg«, sagte er. »Du bist begabt, das wird man hoffentlich bald bemerken … Ein Frauenchor? Da denke ich an die Erinnyen in griechischen Tragödien.« Er lachte in sich hinein.

Sie schüttelte den Kopf. »Was ist bloß aus dir geworden? Was für ein eigentümlicher Mann?«

»Von der Geige lasse ich nicht ab«, sagte er und begann, seine Hände zu kneten. »Ich werde üben, hier in dieser Mansarde. Dann suche ich eine Stelle in einem Orchester und verdiene damit mein eigenes Geld.«

Ihr schwarzes Haar war immer noch linksseitig gescheitelt, es ließ sie streng aussehen, und das wollte sie nicht ändern, die Lockenpracht der Mutter war ihr zuwider. Wie hatten sie beide unter den Hauskonzerten gelitten, Jeanne, als Siebenjährige, mit ihrer hohen Stimme, die sie vor der eingeladenen Elite von Morges vorführen musste, der Bruder, bleich und schmächtig, als halbwüchsiger Geigenvirtuose, beide von der Mutter auf dem Klavier begleitet. Danach hatten sich die Geschwister, selbst im Winter, draußen auf der Terrasse getroffen und sich über eingeschlafene Zuhörer lustig gemacht, eine würdige Dame mit Pelzstola war einmal sogar halb vom Stuhl gerutscht.

»Ich werde bald«, sagte Louis, »beim *Orchestre de Genève* vorspielen.« Er machte mit der rechten Hand eine Bewegung, als dirigiere er, und sie nickte ihm aufmunternd zu.

Gegen die Knauserigkeit von Albert, dem älteren Bruder, mussten sie sich verbünden. Louis hatte er vorgeworfen, das Familienvermögen zu verprassen, von Jeanne forderte er, dass sie standesgemäß heirate und ihr Ehemann dann für sie sorge.

»Unser Bruder verläuft sich in den Zahlen«, sagte Louis. »Und unsere Schwägerin ist darin noch penibler.«

Sie lachte nun auch, sein Humor hatte, seit er aus den Staaten zurückgekommen war, etwas Forciertes; seine fließenden, ihr einst so vertrauten Handbewegungen waren eckiger geworden, auch in seinem Zwinkern erkannte sie ihn kaum wieder.

»Willst du heiraten, Jeanne?«, fragte er plötzlich. »Tu's nicht, Heiraten ist gefährlich, vor Madge musste ich fliehen.«

Sie schaute ihn forschend an. »Du warst bestimmt auch kein Unschuldslamm.«

Er sprang auf die Füße, ließ sich wieder fallen, die Bettfedern quietschten. »Hör auf damit! Das ist meine Sache.« Seine Augen füllten sich mit Tränen.

»Tröste dich, Bruderherz, ich habe sie nie richtig gemocht.«

Er nickte. In Brüssel, als er bei Eugène Ysaÿe studierte, hatte sie Madge, die ebenfalls dessen Schülerin war, kennengelernt. Jeanne hatte sich von oben herab behandelt gefühlt, ihr hatten weder Madges Geigenspiel noch ihr heller Sopran gefallen. Und Madges Besuch an Weihnachten in Morges, ein Jahr später, war eine Katastrophe gewesen. Sie und ihre künftige Schwiegermutter hatten sich beim Versuch, zusammen zu spielen, so heftig gestritten, dass den Gästen die Luft wegblieb. Louis' Einladungen, ihn in Colorado Springs, in dieser amerikanischen Wüstenei, zu besuchen, hatte Jeanne stets ausgeschlagen. Sie wollte nicht monatelang unterwegs sein, um sich dann über ihre Schwägerin zu ärgern. Louis war, auf Drängen Madges, Direktor der Kunsthochschule geworden, Jeanne hatte sein Scheitern vorausgesehen. Sie wäre vielleicht hingereist, wenn das Paar in den sechs Jahren, die es zusammen war, ein Kind gezeugt hätte, aber sie bekamen keines.

Er schaute Jeanne abwägend an. »Ich habe diese Frau am Anfang maßlos geliebt.« Er suchte nach weiteren Worten. »Geliebt mit aller Unvernunft. Es war wie ein Brand, der mich erfasste, eine Welle, die mich hochtrug und dann irgendwohin warf, wo Madge über mir stand wie eine Zirkusdompteurin, sie brauchte nicht mit der Peitsche zu knallen, sie hatte Worte, immer härtere, immer verletzendere ...«

Jeanne setzte sich zu ihm aufs Bett, strich ihm übers Haar.

»Ich musste weg von ihr«, sagte er, »das weißt du ja. Aber eigentlich hat sie mich verjagt, sie wollte mich kraftlos, ihr ergeben, und das schien ich ja zu sein, auch in den Augen ihrer Familie, aber ich war es nicht. Ein Kind mit ihr zu haben, war mir ein Schrecknis ... Ach Gott ...« Er schlug die Hände vors Gesicht. »Ich stellte mir eine widerwärtige Missgeburt vor, einen Kretin, der mich angrinste ... Ich wollte das nicht, ich wollte kein Kind ...« Er lehnte sich an sie, schien zu weinen, denn seine Schultern bebten, aber es kam kein Laut von ihm. »Meine armselige Existenz verdoppeln, das geht doch nicht … das will ich nicht.«

Sie streichelte seinen Nacken. Mit Louis und ein paar Nachbarskindern hatten sie Verstecken gespielt, und immer war er es gewesen, der sie aufgespürt hatte. Dass er sie fand und kein anderer, dem konnte man nachhelfen, und darin war sie geschickt: im flüchtigen Zeigen einer Hand, dem Bewegen der Haare hinter Zweigen, wenn er sich näherte. Das durchschaute er nie. Er war oft so ernst, in sich versunken, sie hätte alles getan, um ihn aufzuheitern.

Sie kam nun in der nächsten Zeit regelmäßig vorbei. Oft gingen sie in der Dämmerung am Strand entlang, es waren nicht mehr als zwanzig Schritte bis dorthin, er glaubte, mit der Schwester zusammen in den Fußstapfen von gestern und vorgestern zu gehen, durch Sand und über Kieselsteine, er wollte seinen Marsch zu zweit exakt wiederholen. Jeanne lachte ihn aus; das seien längst Spuren von anderen, die Wellen, so klein sie seien, hätten die von ihr und ihm ausgewischt. Beinahe stritten sie deswegen, aber Louis gab bald nach, verstummte. Das Wetter war trüb, sie sahen nicht zum gegenüberliegenden Ufer, nur ein beleuchtetes Passagierschiff zog in der Ferne vorbei. Sie gingen schnell, sie waren annähernd gleich groß, wer sie als Silhouetten vor dem helleren See nebeneinander sah, hätte sie, ungeachtet des Altersunterschieds, für Zwillinge halten können. Eine Stunde oder länger gingen sie, redeten beinahe nichts, bis Louis brüsk stehen blieb. Sie stolperte, aus dem Tritt gebracht, schaute ihn an. Die Gesichter waren kaum noch wahrnehmbar.

»Ich möchte dich porträtieren«, sagte er, seine Aufregung bezwingend, »ich möchte das Bild bei der *Exposition nationale suisse des Beaux-Arts* einreichen.« Er sprach den Ausstellungstitel mit Absicht so geziert, dass er sie erneut zum Lachen brachte. »Willst du das? Willst du mein Modell sein?« Bereits jetzt, in der beginnenden Dunkelheit, schien er sie zu studieren.

»Also hast du das Malen doch nicht aufgegeben.«

»Ich möchte es mit dir versuchen«, sagte er, fast unhörbar.

Sie schob ihn leicht von sich weg. »Kennst du mich denn nicht auswendig?« Sie spürte an seiner Bewegung, dass er den Kopf schüttelte.

»Jetzt nicht mehr. Du hast dich verändert.«

Sie ging weiter, mit weniger ausgreifenden Schritten als vorher. Schon waren sie fast auf der Höhe von St. Sulpice; überall begannen nun die Lichter zu brennen. Er wartete auf ihre Antwort.

»Also gut«, sagte sie. »Aber es muss ein ehrbares Bild sein. Kein Akt, weder ein ganzer noch ein halber.«

»Ein Porträt, habe ich gesagt«, antwortete Louis.

»Du weißt ja, was man mir nachredet. Mehr als eine Liebschaft, das gilt bei uns für eine Unverheiratete als Todsünde ... Aber vielleicht finde ich ja doch noch den Richtigen vor der Verdammung ... Er müsste verständnisvoll sein wie du, aber weniger labil.«

Die Lichter der Häuser in der Nähe gaben einen schwachen Schein, wie von Spiegelungen, in ihm sah sie, dass der Bruder plötzlich vor ihr auf die Knie gesunken war und die Hände zu ihr emporstreckte. »Bitte, tu es für mich, ich muss dich malen, ich muss.«

»Steh auf!«, fuhr sie ihn an, und gleichzeitig ging ihr durch den Kopf, ob er auch so vor Madge gekniet hatte, um etwas bittend, das ihm unerreichbar schien. »Ich tue es ja«, sprach sie besänftigend weiter. »Ich komme vorbei, immer, wenn ich Zeit habe. Aber ich muss an meine Lektionen in Fribourg denken, die darf ich nicht versäumen. Ich will für mich selber genug verdienen. Auch wenn die jungen Damen, die zu mir kommen, völlig unbegabt sind.« Sie gab ein paar hohe Misstöne von sich.

Er lachte kurz, sprang auf die Füße wie ein geübter Turner und stand wieder vor der Schwester, so groß wie sie, deren Bluse weiß schimmerte, heller als ihr Gesicht. »Danke, Schwesterherz, ich werde mich bemühen.«

Sie gingen weiter. »Willst du etwas essen?«, fragte sie. »Dann bestellen wir im Hotel de la Plage eine Kleinigkeit. Einverstanden?«

Er antwortete nicht, folgte ihr einfach.

»Der Vater ist krank«, sagte er plötzlich, dicht hinter ihr, beinahe in ihren Nacken hinein. »Maman hat gesagt, er werde sterben, ich solle ihn malen, nicht dich.« Er atmete tief ein und aus. »Aber die Zeiten, in denen Maman alle herumkommandierte, sind vorbei. Sie findet es herzlos, dass ich Papa nicht zu Hause besuche … Er liegt im Hinterzimmer, unten. Das ist wie eine Verbannung.« Wieder seine Atemgeräusche, dann wurde seine Stimme überraschend laut, überschlug sich beinahe: »Ich mag ihn nicht sehen!« Er packte sie an den Schultern, als sie weitergehen wollte. »Ich kann nicht zu ihm, es geht nicht, nein, es geht nicht.«

»Mir fällt es auch schwer«, sagte Jeanne. »Aber ich gehe hin, setze mich eine Weile zu ihm. Er ist mein Vater, auch wenn er nur noch Löcher in die Wand starrt.«

3
Das Bild der Schwester

Den Vater hatte er dann doch ein letztes Mal besucht, er wollte mit niemandem darüber sprechen. Aber zur Beerdigung ging er, die Verpflichtung war stärker als seine Widerstände. Er hielt sich deutlich abseits von der Trauergemeinde; nur während der Predigt und beim Gebet am Grab nahm er den Hut ab. Die meisten, die dem Apotheker von Morges die letzte Ehre erwiesen, wichen Louis aus, der Bruder Albert, der jetzt die Verantwortung fürs Geschäft trug, begnügte sich mit einem kurzen Händedruck und einem unverständlichen Satz. Bloß Jeanne stellte sich einen Moment an seine Seite und flüsterte ihm zu: »Gut, dass du doch gekommen bist.« Er nickte, blieb stehen, drehte den Hut in den Händen. Die Mutter stand mitten unter den Trauernden, kerzengerade hielt sie sich. Ob unter ihrem Schleier, den der Wind leicht bewegte, die harten Gesichtszüge aufgeweicht waren, war nicht zu sehen, ebenso wenig, ob sie die Anwesenheit des jüngeren Sohns bemerkte. Dem älteren, Albert, überließ sie widerwillig den Arm, als sie zur Kirche gingen; dessen Frau Elisabeth drang darauf, die Schwiegermutter von der anderen Seite unterzufassen.

Der Trauergottesdienst war kurz, die Witwe hatte es so gewünscht, sie selbst fühlte sich außerstande, dabei mitzuwirken. Aber Jeanne sang, von der Orgel begleitet, das *Salve Regina* von Pergolesi, ihre Stimme brach nicht vor Gram, wie viele erwartet hatten; der eindringliche Klang trug die Worte bis zu Louis, der drinnen bei der Eingangstür stand wie einer, der sich selbst verstoßen hatte. Später fragte ihn Jeanne, ob es nicht angemessen gewesen wäre, sich mit seiner Geige zu den beiden Musikerinnen zu gesellen.

Er schüttelte den Kopf: »Nein, ich bin aus der Übung.«

»Dabei hast du Vater gar nicht gehasst.«

Er machte mit der Hand eine seiner kreisenden Bewegungen, die so vieles bedeuten konnten. »Gehasst habe ich ihn nicht, aber verloren schon lange.«

Sie schüttelte nachsichtig den Kopf und versuchte, sein gescheiteltes Haar mit zwei Fingern zu zerzausen, damit hatte sie ihn vor Jahren oft geneckt. Er wich ihr aus, packte sogar ihr Handgelenk und stieß sie zurück, nicht hart, aber spürbar.

»Man muss mich lassen, wie ich bin«, sagte er.

Als sie ihn bei einem ihrer spontanen Besuche in der Mansarde wieder einmal antraf, fragte er, wann er mit dem Porträt beginnen könne.

»Jetzt«, sagte sie und setzte sich beim einzigen Fenster auf den Stuhl ihm gegenüber. Sie trug Trauer in der Öffentlichkeit, sie wolle den Brauch mindestens einen Monat lang respektieren, erklärte sie dem Bruder. Der nahm den Zeichenblock unter dem Bett hervor, begann, sie mit Kohlestift zu skizzieren. Es misslang wieder und wieder, er war unzufrieden mit sich, aber erstaunt, dass sie so lange unbeweglich dasitzen konnte. Sie lachte, fast ohne eine Miene zu verziehen. »Das habe ich schon als Kind gelernt. Wenn ich unter dem Klavier saß, um der Mutter zuzuhören, durfte ich keinen Mucks machen.«

»Sie ist eine Tyrannin«, sagte er und begann, nachdem er die Skizze mit dem stäubenden Lappen weggewischt hatte, von vorn.

»Das sind wir alle in dieser Familie. Jeder auf seine Weise.« Nun hüstelte sie leicht, sie spürte Louis' Nervosität. Als er einigermaßen zufrieden war, ging sie weg, ohne einen Blick auf die Skizze zu werfen. Sie treffe einen Mann, sagte sie, er habe sie zu einem gebratenen Huhn eingeladen. Er sei Kontrabassist, was sie, der starken und flinken Finger wegen, mehr anziehe als das Huhn. Wieder ihr Lachen. Danach Laute wie von einem kleinen Triller, nicht umsonst war sie Sopranistin.

»Wenn ich doch dein Lachen malen könnte«, rief er ihr nach.

Gegen die übertrieben realistische Manier, in der sie der Bruder dann nach den Skizzen malte, hatte sie Einwände. Nichts da von der Leichtigkeit der Impressionisten, die er doch in Paris kennengelernt habe. Sie fand sich zu spitznasig, zu großäugig, zu bleich. »Ich sehe so streng und unerbittlich aus, als gehörte ich ins Zeitalter von El Greco. Die eine Hand lasse ich hängen, als sei sie ohne jede Energie. Und der schwarze Hut sitzt auf mir wie eine Riesenlast, die mich beinahe einknicken lässt. Nein, es gefällt mir nicht.«

Louis schwieg lange. Dann versuchte er, ihr zu widersprechen, sie sei doch in Trauer, und so wolle er das Porträt auch betiteln: *Trauer*. Ob das falsch sei?

»Vielleicht«, sagte sie. »Aber mach damit, was du willst.«

»Ich werde es in die Ausstellung geben«, entgegnete er, und in seine Unsicherheit mischte sich Trotz.

Sie ging hinaus, schloss resolut die Tür hinter sich. Er blieb stehen, schaute das Bild an und dachte nun auch, es sei missglückt. Ich mache wohl alles falsch in deinen Augen, hätte er Jeanne gerne gesagt, um ein wenig Zuspruch von ihr zu bekommen, und natürlich hatte er das Wichtigste, wie fast immer, hinuntergeschluckt, nur leicht die Lippen bewegt, die sie aber nicht lesen wollte; dabei hatten sie auf diese Weise vor vielen Jahren im Garten geübt, voneinander zu erraten, was nicht laut gesagt werden durfte.

Am nächsten Tag fand er das Bild gelungener. Und am Abend stimmte er dem Urteil der Schwester wieder zu, zerknirscht und überzeugt davon, dass er es besser könne. Er ging auf einen langen Spaziergang im kalten Frühlingswind, er grüßte niemanden, ging mit vorgestrecktem Kopf, die Hände in den Manteltaschen, und als er zurückkam, versuchte er beim schlechten Licht der Gaslampe, den Zügen auf der Leinwand mehr Lebendigkeit zu verleihen, mit kleinen Pinselstrichen hinter der Trauer auch Zuversicht ahnen zu lassen, Selbstbewusstsein. Ein anderer, ein Begabterer, hätte es gekonnt, aber seine Finger gehorchten ihm nicht, sie vergrößerten gegen seine Absicht bloß den Hut, machten ihn noch lastender, noch schwärzer. Wie dumm! Er trank eine halbe Flasche Wein, kaute an hartem Brot. Dann starrte er das Bild lange an wie einen Feind. Gegen Mitternacht nahm er das Brotmesser, holte Atem und schlitzte die Leinwand mehrfach auf. Ritsch ratsch! Nichts wert!, dachte er. Null! Zero! Ich bin ein Versager! Hatte ihm das nicht auch einmal der Vater, der so wenig von sich zeigte, in scharfem Ton vorgeworfen? »Dass du die Handelsschule nach so kurzer Zeit abbrechen kannst! Man glaubt es nicht!« Das nächste Wort wäre »Nichtsnutz« gewesen. Der Vater sagte es nicht, aber der Sohn hörte es trotzdem.

Nach seinem Zerstörungswerk schlief Louis rasch ein. Es war schon hell, als er erwachte. Gleich stand ihm das Bild vor Augen, drüben auf der Staffelei. Es war gar nicht so entstellt, wie er geglaubt hatte, im Gegenteil, plötzlich schien ihm, die Schlitze kreuz und quer würden zu dieser abweisenden Figur passen, warum, wusste er nicht, vielleicht sagten die Einschnitte ja, diese Frau, noch jung, sei bedroht von widersprüchlichen Kräften. Er stand auf, übermalte im Morgenrock die Zeichen der Zerstörung, so dass sie fast verschwanden, bloß noch wie haarfeine Linien erschienen. Und als das Bild am nächsten Morgen trocken war, schlug er es in Packpapier ein, verschnürte die Leinwand und brachte sie eigenhändig nach Lausanne, ins Palais de Rumine, wo die Ausstellung stattfinden sollte.

Im Foyer und in den Sälen herrschte ein Hin und Her von Handwerkern, Künstlern und ihren Betreuern. Louis fragte sich durch und gelangte zum Kurator der Ausstellung, der ihn nicht kannte. Erst als der Besucher verständlich machte, dass er, Louis Soutter, Schüler von Léon Gaud gewesen sei und ein eigenes Bild in die Ausstellung geben wolle, hellte sich das Gesicht des Kurators auf. Unter dem Vollbart zeigten sich im kurzen Lachen seine Zähne, er bat Monsieur Soutter, das Bild auszupacken. Louis hatte Mühe, die Schnurknoten zu lösen; dann aber ließ er das Packpapier zu Boden fallen, er hielt das Bild an der oberen Kante fest und suchte den Blick des Kurators. Der runzelte die Stirn.

»Ungewöhnlich«, sagte er. »Sehr nüchtern, wie soll ich sagen: fast ein wenig abschreckend.«

Louis holte Atem, das Bild schwankte leicht in seinem Griff. »Es ist meine Schwester. Sie trauert um unseren Vater.«

Der Kurator zögerte. Dann nickte er. »Gut, das kann man so sehen. Malweise und Komposition sind doch ziemlich klassisch. Saal zwölf, dort hängen all jene, die noch niemand kennt.« Er stutzte, deutete auf die übermalten Schnittstellen. »Hat das Bild irgendwo Schaden genommen?«

Louis verneinte. »Das ist Absicht. Ein Versuch, die Macht der Umstände zu zeigen.«

Das Bild, sein einziges seit seiner Rückkehr, war angenommen. Doch Louis gelang es nicht, sich wirklich zu freuen; die Zweifel besetzten ihn.

Am Eröffnungstag mischte er sich, nach einer beinahe schlaflosen Nacht, unter die Menge im Ausstellungssaal, er stand bei seinem aufgehängten Bild, wartete auf Reaktionen; verkaufen wollte er es nicht. Eine kleine Plakette war, nach seinen Vorgaben, daneben angebracht: *Louis Soutter, Deuil, Portrait de la soeur de l'artiste.* Nun schien es ihm ein Fehler, dass er die Familie hatte wissen lassen, man könne das Bild besichtigen. Die meisten Besucher blieben nur kurz davor stehen, machten abfällige Bemerkungen, man verstand die Strenge nicht, das viele Schwarz, man spottete über den riesigen Hut. Dann kam tatsächlich mitten im Gedränge seine Familie vorbei, ohne Jeanne, aber mit Alberts Frau Elisabeth, sie grüßten Louis knapp. Er sah, dass das ungerahmte Bild sie irritierte, die Einzige, die etwas verlauten ließ, war die Schwägerin. »Wie konntest du nur!«, zischte sie Louis zu. Die Mutter und der Bruder versteiften sich, schüttelten ostentativ den Kopf, die Mutter bekam ihren verächtlichen Zug um den Mund, vor dem er sich als Kind gefürchtet hatte. Sie wurden beobachtet; die Stimmen ringsum wurden lauter in seinen Ohren, eine Art vorwurfsvolles Summen, er versuchte, ihm standzuhalten, ging plötzlich weg, versteckte sich in der Menge, in der auch die Familie verschwand. Als die Säle sich zu leeren begannen, ging er zurück zu seinem Bild, er hängte es ab, obwohl die Aufsichtspersonen ihn davon abhalten wollten. »Das ist mein Werk«, fuhr er die Uniformierten an, »damit mache ich, was ich will!« Er hasste es, wenn seine Stimme beinahe brach vor Aufregung. Mit Mühe fand er samt seinem an die Brust gepressten Bild den Weg zum Ausgang.

Wie er nach Morges zurückgekommen war, wusste er hinterher nicht mehr, aber das Bild blieb bei ihm, niemand nahm es ihm weg. In der Mansarde, die er gar nicht abgeschlossen hatte, stellte er es an die Wand, setzte sich gegenüber aufs Bett und schaute es in der Dämmerung an. »Warum bist du nicht gekommen, Jeanne?«, fragte er halblaut. Fühlte er sich verraten von ihr? Nein, bloß verlassen. Aber er selbst hatte ja die Schwester verlassen, als er Madge nach Amerika folgte. Er hätte mit trockenen Augen weinen mögen, auch das ging nicht.

4
Jeanne

Sie hat immer wieder den Eindruck, dass Louis sich verpuppt, wenn sie ihm zu nahe kommt. Aber der ausgeschlüpfte Schmetterling, den sie sich so oft gewünscht hat, der Schmetterling, der seine wunderbar gemusterten Flügel zeigt, entfaltet sich nur in seiner Kunst. Das ist und bleibt so, obwohl er ihr in dieser Familie, die von innerer Taubheit geschlagen scheint, am nächsten steht. Ja, sie sind sich in vielem ähnlich, in einer manchmal fast krankhaften Empfindlichkeit, und hüten ihre Geheimnisse voreinander. Aber wem sonst könnten sie sich denn anvertrauen? Eine halbe Kindheit lang war er ihr Beschützer, weit mehr als Albert, der in ihren Augen schon viel zu früh den Erwachsenen spielte. Jahre später nahm Madge ihr Louis weg. Sie musste miterleben, wie diese Frau ihn abzurichten versuchte, als wäre er ihr Hündchen. Ach, Louis, er kann sich gegen Frauen so schlecht wehren, er bietet sich nachgerade dazu an, gezähmt und beherrscht zu werden. Aber auch Jeanne kann sich ihr Verhalten nicht vorschreiben lassen, schon gar nicht von Männern, deshalb will sie Frauenchöre dirigieren, mit Bewegungen, die so ausladend sind, wie es ihr gefällt. Rudere doch nicht, sagte Louis einmal zu ihr, wohin willst du denn gelangen mit deinem Boot? Da schien er beinahe in sich hineinzugackern vor unterdrücktem Lachen. Er konnte durchaus ein Spötter sein.

Ihre Zimmer im ersten Stock der Apotheke lagen nebeneinander. Abends, wenn Maman mit Jeanne gebetet hatte und nach ihren obligatorischen Ermahnungen endlich gegangen war, schlüpfte er rasch zu ihr hinein, um ihr einen Gutenachtkuss zu geben. Dass er dies tun würde, solange sie es wolle, hatte er ihr versprochen. Er war damals, mit vierzehn, fünfzehn Jahren, anderthalb Köpfe größer als sie, beugte sich tief über sie, es war ein Hauch von Kuss, mit dem seine Lippen ihre Wangen streiften, er verließ das Zimmer gleich wieder, ohne Worte, ihr schien immer, es bleibe im Zimmer ein Geruch von Gras und Kolophonium zurück, sie konnte kaum einschlafen ohne diese zarte Berührung. Es war ihr Geheimnis, sie wussten, dass Maman es ihnen untersagt hätte. So lernten sie, sich in Anwesenheit der Mutter mit Blicken zu verständigen, die für sie beide allein bestimmt waren.

Dass die Mutter unglücklich war in ihrer Ehe mit einem blassen und wortkargen Mann, ging Jeanne erst viel später auf, da hatte sie schon begonnen, aktiv gegen sie zu kämpfen. Dazu war Louis nie in der Lage. Er fügte sich Mamans Regime, übte schon als Zehnjähriger anderthalb Stunden am Tag seine Etüden, freudlos, so schien es der Schwester oft, es war mütterliche Dressur. Er rettete sich in Träumereien. Als sie noch klein war, fünf-, sechsjährig, hörte sie manchmal von nebenan, dass er zu spielen aufgehört hatte, da ging sie nachschauen und sah ihn vor dem Notenständer stehen, er hatte die Geige am Hals umfasst, sie hing wie ein totes Tier an seiner Seite, den Bogen ließ er mit der anderen Hand hin und her baumeln, auf seinem Mund lag ein Lächeln, und seine Augen waren halb geschlossen. Sobald sie ihn ansprach, fuhr er zusammen. Maman hatte da meist eine Unterrichtsstunde im Eckzimmer, was bedeutete, dass sie noch für eine Weile unbeaufsichtigt bleiben würden, und Jeanne fragte Louis bei schönem Wetter, ob sie draußen spielen wollten, bei schlechtem, ob er ihr etwas vorlese. Er schüttelte meist den Kopf. »Ich muss üben«, sagte er, setzte die Geige ans Kinn und spielte ein paar Töne, aber dann ließ er sie wieder sinken, lächelte die Schwester an und fragte: »Spielen wir Überfahrt?« Das war ein Spiel, das sie gemeinsam erfunden hatten, aber niemand durfte davon wissen, auch Albert nicht, der da schon unten in der Apotheke aushalf. Sie gingen auf Zehenspitzen in die Waschküche, setzten sich in den großen Zuber, in dem sie knapp Platz hatten. Louis war der Kapitän, sie der erste Steuermann. Meist wollte sie nach Madagaskar, der Wortklang gefiel ihr. Louis beschrieb die Gefahren, denen sie standhalten mussten. Wenn ein Sturm kam, brachten sie den Zuber gemeinsam zum Schaukeln, und wenn er dabei umkippte und sie übereinanderpurzelten, unterdrückten sie ihr Lachen und gingen wieder an Bord. Sie ahmten gedämpft das Schreien der Möwen nach und legten sich gegenseitig die Hand auf den Mund, um nicht lauter zu werden. Und lustig war es, die Fische, die ihnen folgten, mit stummem Auf- und Zuklappen des Mundes nachzuahmen. Es war drinnen ihr schönstes Spiel. Eigentlich seltsam, dass sie in der Waschküche nie jemand ertappte, auch das Hausmädchen nicht, das ihre Spiele beaufsichtigen sollte.

Im Sommer zogen sie den Garten vor. Am schönsten war es, gemeinsam auf einer Wolldecke unter einem Baum zu liegen und sich Geschichten zu erzählen, die sie aus dem leise bewegten, mit Sonnenstellen gemusterten Laub lasen. Es gefiel Jeanne, dass Louis im Apfelbaumgezweig seltsame

Wesen sah, die einander bekämpften, die Kinder aber in Ruhe ließen. Und wenn sie doch bedrohlich wurden, nahm er einen Ast, der am Boden lag, und trieb sie in die Flucht. Ja, Louis war lange Jeannes Beschützer, ihr Prinz, und er begriff es nicht, als sie sich von ihm auch physisch entfernte und auf eine Weise verstummte, die ihn ratlos machte. Das war nach seinem Stimmbruch. Er warb um ihre gleichbleibende Zuneigung, zuerst mit Zärtlichkeitsgesten, dann mit Wutausbrüchen. Maman bekam nichts davon mit, sie führte ein Leben in Halbdistanz zur Familie, oft ganze Tage abgeschottet von ihr, sie war eine steinerne Herrscherin im Haus. Jeanne versuchte, sie gegen sich aufzubringen, um ihre Anteilnahme zu erzwingen. Die heftigsten Reaktionen rief sie bei Maman hervor, wenn sie mit Absicht falsch sang; mitten in einem Lied rutschte sie um einen Viertelton aus und machte dabei eine unschuldige Miene.

»Nein, nein!«, rief dann die Mutter gequält. »Hör doch um Gottes willen genau hin!« Und Jeanne musste die Passage mehrmals wiederholen, bis die Tonhöhe stimmte.

Louis, der auf einem Stuhl an der Wand saß, durchschaute das Spiel der Schwester. Aus den Augenwinkeln sah sie, dass er sich rasch abwandte, um mit der Hand vor dem Mund sein Lachen zu verstecken. Aber je älter sie wurden, desto weniger erlebten sie solche Momente des stummen Einverständnisses.

5
Marie-Cécile

Was ist nur aus meinen drei Kindern geworden! Niemand kann mir vorwerfen, dass ich sie schlecht erzogen habe. Sie sind alle drei musikalisch begabt, hätten es mit ihren Talenten weit bringen können. Aber ich, das höre ich oft, sei zu streng mit ihnen gewesen, zu unnachgiebig. Ja, ich habe versucht, ihnen Selbstdisziplin beizubringen. Ja, ich habe darauf bestanden, dass sie ihre Übungszeiten einhielten, Albert auf der Querflöte, Louis mit der Geige, Jeanne mit ihrem Gesang. Die besten Lehrer habe ich für sie gesucht. Allen habe ich die Anfangsgründe auf dem Klavier beigebracht. Das gehört dazu, wenn die Musik zur Profession werden soll. Aber Kinder im Schulalter lassen sich gerne ablenken von ihren Pflichten, hundert andere Dinge möchten sie tun, da blieb mir nichts anderes übrig, als sie hin und wieder zu bestrafen. Keine Ohrfeigen, nein, aber Verbote, ins Freie zu gehen, Entzug des Desserts, frühes Zubettgehen.

Albert, der Älteste, flüchtete sich in schweigenden Trotz, Jeanne, die Jüngste, rebellierte und rannte hinaus in den Garten, das Dienstmädchen musste sie draußen einfangen. Louis hingegen war fügsam, nach ein paar scharfen Worten hatte er gleich Tränen in den Augen.

Ich weiß, dass ich schlecht trösten kann, bei ihm hab ich's trotzdem immer wieder versucht. Wie hätte ich mich denn verhalten sollen angesichts eines innerlich abwesenden Ehemanns? Vor Auseinandersetzungen flüchtete er in den unteren Stock, in die Geschäftsräume, und drückte sich davor, zu meinen Gunsten Stellung zu beziehen. Dass Ehepaare zusammenhalten müssen, sah er nicht ein. Und dann war er doch bei unseren Hauskonzerten stolz auf unsere Kinder, ich war es auch, und trotzdem fiel es mir schwer, sie zu loben.

Nun ist mein Mann gestorben, man könnte sagen: erloschen. Er hat lange genug gelitten, es war voraussehbar.

Und unser Nachwuchs? Albert trinkt zu viel und meint, er könne es verstecken. Jeanne, immerhin erfolgreich als Chorleiterin, führt ein unstetes Leben und mokiert sich über meine Vorwürfe. Und Louis, der die Falsche geheiratet hat, ist seit seiner Rückkehr aus Amerika und der unvermeidlichen Scheidung nicht wiederzuerkennen. Er ist tief gefallen;

immer noch hat er diese hochnäsige Amerikanerin im Kopf, Madge, kein Name für eine Dame. Er tritt nun in Hotelsälen auf, zum Afternoon-Tea, als drittrangiger Geiger, er, dem Ysaÿe eine Solo-karriere vorausgesagt hatte. Er wolle zeichnen, er wolle malen, sagt Louis, er versucht es und gibt es wieder auf. Zum Verzweifeln. Die teure Aus-bildung am Brüsseler Konservatorium haben wir mit den Einkünften aus der Apotheke finanziert.

Ingenieur wollte Louis zuerst werden, dann Ar-chitekt, eine Zeitlang besuchte er die *École d'Art*. Er brach alle seine Studien nach kurzer Zeit ab, wollte unbedingt zu Ysaÿe, hielt es nicht aus bei ihm, stieß dabei auf Madge, die ihn verhexte. Mit ihr flüchtete er nach Amerika, wurde Leiter der Kunstschule in Colorado Springs, hielt auch das nicht aus, vor allem, weil er nicht mit Geld umgehen kann, er wurde, warum auch immer, verstoßen von seiner Amerikanerin, kehrte abgebrannt zurück, hatte die Chance, in renommierten Orchestern zu spielen, vergab sie, wie man hört, durch reniten-tes Verhalten, ausgerechnet er, der doch so scheu gewesen war. Flüchtig ist alles bei ihm, er vertieft sich in nichts wirklich, weicht allen berechtigten Forderungen aus, die das Leben an einen stellt. Ich sah ihn als Halbwüchsigen oft weinen, wenn ihm wieder etwas misslungen war. Er brauchte Ansporn, nicht Trost. Manchmal zerriss es mich beinahe, dass ich nicht die Mutter sein konnte, die er gebraucht hätte.

Ich wusste über Monate nicht, wo er sich herumtrieb als fahrender Musikant mit seiner dubiosen Scheineleganz. Ich wusste nicht, in was für Lokalen er auftrat, ob in Grandhotels oder in Wirtshäusern, es war ihm gleichgültig, nicht einmal eine Weihnachtskarte schrieb er mir, dabei lebte er hauptsächlich vom Erbe meines Mannes, das ich, nach juristischem Rat, unter den Kindern aufgeteilt hatte.

Immerhin hatte Albert die Apotheke übernommen. Aber schon nach ein paar Monaten stellte sich heraus, dass er der Aufgabe nicht gewachsen war, es kam vor, dass er säumige Zahler beschimpfte, ausgerechnet der brave Albert. Wir, mein Bruder und ich, waren gezwungen, ihm einen Compagnon zur Seite zu stellen. Er wehrte sich nach Kräften dagegen, aber es musste sein.

Und wie ist es mit Jeanne? Sie wäre doch die Vernünftigste, aber sie verliert sich in ihrer Suche nach Liebe, fällt in Abgründe von Verzweiflung, die sie niemandem offenbart, dabei ahne ich sie bei jeder unserer Auseinandersetzungen hinter ihren Vorwürfen, die sich meist an lächerlichen Kleinigkeiten entzünden. Mit mir geht sie so burschikos um wie mit niemandem sonst. Es wäre klüger, sie würde sich einen soliden und langweiligen Mann nehmen, wie ich, und neben ihm ihr eigenes Leben führen. Das wirft sie mir ja vor: dass mir meine Auftritte, der Applaus des Publikums bei Hauskonzerten wichtiger gewesen seien als die eigenen Kinder. Wie falsch! Ich wollte, dass ihre Talente aufblühen, ihres und besonders das von Louis, der nicht nur der Begabteste ist, sondern zugleich der Ängstlichste, der Unsicherste, und nicht wirklich an sich glaubt. Faul sei er, habe ich manchmal geschimpft, als er klein war, träge, zu leicht ablenkbar. Heute denke ich, dass ich ihn damit von mir wegtrieb. Sein Rückzug endete bei der Amerikanerin, die ihn dazu zwingen wollte, ein anderer zu sein. Genau das wirft Jeanne nun mir vor: »Du hast uns alle drei zu deinen Geschöpfen machen wollen.«

Ich habe Sarah Bernhardt in Genf als Kameliendame gesehen und wollte danach werden wie sie. Ich bin es nicht geworden, ich habe mein Gesangs- und Klavierdiplom gemacht, mehr nicht, ich habe talentlose Schüler unterrichtet. Aber warum sollten meine drei begabten Kinder nicht werden, was ich nicht geworden bin? Louis wird nie darauf antworten, dir habe ich diese Frage gestellt, Jeanne, du hast gelacht – dein abgründiges Lachen – und gesagt, du wollest aus eigenem Willen die werden, die du sein möchtest: ein freier Mensch, und dies auch in einer scheinheiligen Gesellschaft. Hast du mehr gelitten als ich? Ich ließ es euch nicht spüren, ich habe alle meine Pflichten erfüllt und nur bei unseren musikalischen Soirées ein wenig Glück gefunden. Damit, Frauenchöre zu dirigieren, hätte ich mich nie zufriedengegeben. Damit, vom eigenen Bruder auf abstoßende Weise porträtiert zu werden, noch weniger. Da zog ich es vor, einen angesehenen Haushalt zu führen und zweimal jährlich bei unseren festlichen Hauskonzerten ein wenig Glanz um mich herum und durch euch zu erleben. Du denkst, das sei falsch, für mich war es das Richtige.

6
Der Arzt

Stundenlang konnte Louis in der Mansarde sitzen. Das Bild von Jeanne lehnte, umgedreht, an der Wand. Er wollte es weder anschauen noch verbessern. Auf Notizpapier entwarf er hin und wieder eine Figur, zerknüllte die Zeichnung gleich wieder, warf sie auf den Boden. Albert suchte ihn auf und wollte ihn überzeugen, eine bezahlte Tätigkeit aufzunehmen, irgendeine, die ihn fordere und ausfülle; man mache sich Sorgen um ihn. Er bückte sich, um die Papierknäuel, die Louis verstreut hatte, einzusammeln, er schwankte leicht, roch unverkennbar nach Wein und bemühte sich, zum Erstaunen des Bruders, trotzdem um Freundlichkeit.

»Lass das«, murmelte Louis, »das mache ich schon.«

Er blieb aber reglos sitzen, auch nachdem Albert längst gegangen war. Erst Jeanne, als sie endlich kam, machte ihn hellwach. Sie schlug ihm vor, sich eine Weile in der Nervenklinik Sonnenfels in Spiez aufzuhalten, nicht als Patient, sondern zur Erholung; der Klinikleiter, Dr. Mutzenberg, ein Bekannter ihres Onkels, sei damit einverstanden. Sie schaute Louis eindringlich an, tat so, als ob sie das Bild an der Wand nicht beachte.

»Du musst dich regenerieren«, sagte sie, »Madge und die USA endgültig hinter dir lassen, dann wirst du herausfinden, was du wirklich willst. Und womit du dir dein Leben verdienen kannst.« Sie legte ihre warme Hand auf seine. »Albert ist bereit, diesen Aufenthalt zu finanzieren, ich habe ihn überzeugt.«

»Albert«, murmelte er, »der große Albert, der tüchtige Albert.«

»Er ist dir stärker verbunden, als du meinst«, wies sie Louis zurecht.

Sie ging bald wieder.

Nach zwei Tagen ließ er sie wissen, dass er ihrem Rat folgen und nach Spiez fahren werde, in der Hoffnung, sein Leben neu zu ordnen, auch wenn er ahne, dass es für ihn schwierig bleibe.

Die Klinik war ein altes Gebäude mit kleinem Park am Hang über dem See, sie war tatsächlich sonnig gelegen, lag nur während einiger Winterwochen im Schatten der massiven Pyramide des Niesens, der sich hinter dem Dorf erhob.

Dr. Mutzenberg, ein gütiger Mann mit weißem Backenbart, ließ Louis gewähren, er konnte sich frei bewegen, die Tage verbringen, wie er wollte. Ihm falle auf, sagte der Arzt nach den ersten Tagen zu seinem Gast, dass er die schattigen Stellen den besonnten vorziehe, ob ihm dies bewusst sei.

Louis nickte. »Es ist meine Art, ich bin kein Sonnenwesen.«

Er hatte wenig Kontakt mit anderen Patienten, zog sich gerne in sein Zimmer zurück, das, wie in Morges, auf den See ging. Er schloss sich jedoch dem Gärtner an, einem alten Mann, der zwar hinkte, aber trotzdem noch erstaunlich beweglich war. Er lernte von ihm den Baum- und Sträucherschnitt, das Pikieren der Gemüsesetzlinge, die Arten des Gießens während der Hitzetage im Sommer. Blumen schneiden und zu Sträußen für den Aufenthaltsraum binden wollte er nicht, die Blumen sollten wachsen und welken, wie es ihnen entsprach. Das war Louis' Eigensinn, der Gärtner insistierte nicht, er schätzte die Schweigsamkeit dieses Patienten.

Bei Regen stand er oft irgendwo drinnen an einem Fenster, schaute hinüber zur Bergkette am jenseitigen Ufer, die sich schwärzte und aufhellte, je nachdem, er betrachtete die Verwandlungen der Wasseroberfläche, verfolgte auf Spaziergängen, die ihn zum See führten, die Stellen mit den meisten Kräuselungen, erprobte in seinem Zimmer auf Papierbögen, ob sich dies mit dem Stift erfassen ließ, als Muster, in dem die Bewegtheit zu spüren war. Oder er nahm seine Geige unters Kinn, improvisierte Melodien, die flirren und flimmern sollten, obwohl dies fast allem widersprach, was er bei Ysaÿe gelernt hatte. Wenn Dr. Mutzenberg sich in Abständen freundlich nach seinem Befinden erkundigte, sagte Louis wenig, manchmal wollten ihm die Wörter nicht über die Zunge; dann war er plötzlich beredt, antwortete überstürzt. »Ich wachse manchmal und schrumpfe dann wieder«, sagte er. »Das richtige Maß muss man finden, auch wenn das Leben ein einziges Schwanken ist.«

Dr. Mutzenberg lächelte in sich hinein, nickte bedächtig: Da sei Louis auf gutem Weg.

Es ging ihm in der Tat besser, man konnte sagen, er habe sich stabilisiert. Mit einer der Patientinnen kam er in engeren Kontakt, sie war sehr jung, kaum zwanzig, gut gepolstert, wie Louis ihr einmal zärtlich ins Ohr sagte. Sie fürchtete sich nicht vor seiner hageren Erscheinung. Dass sie bisweilen Stimmen hörte, die sie zu Bösem verführen wollten, störte ihn nicht. »Ich bin ja vielleicht auch ein Bösewicht«, sagte er, aber das wollte sie nicht verstehen und überließ sich ein einziges Mal seinen

Küssen, erwiderte sie sogar mit Zunge und Zähnen, da kam ihm Madge in die Quere, und er ließ von ihr ab, wich ihr fortan aus, wollte nicht sagen, was sein Rückzug bedeutete.

Die Monate schwammen vorüber. Am Sonnenhang reiften blaue Trauben, er griff nach ihnen, stopfte die Beeren in den Mund, wie wenn er lange danach gehungert hätte, spuckte die Häute in hohem Bogen aus, der Saft lief ihm übers Kinn. In der Klinik mochten ihn einige, andere mieden ihn, er war ihnen mit seinem geradeaus gerichteten Blick und seinen langen Schritten unheimlich. Abends las er bei Kerzenlicht abwechselnd in der Bibel und in einem schmalen Band mit Gedichten von Mallarmé. Er las auch wieder die Zeitung, die über das erwachende Deutsche Reich berichtete. Es erstarke von Jahr zu Jahr, stand da, und dass der deutsche Kaiser in Tanger, Marokko, gelandet sei, um der Kolonialmacht Frankreich die Stirn zu bieten. Louis verbannte die Visionen von einem Krieg zwischen den Großmächten aus dem Kopf; nachts glaubte er manchmal, von weitem Kanonenlärm zu hören.

Im November fühlte er sich gesund genug, um nach Morges zurückzukehren. Jeanne hatte ihn nie besucht, nur spärlich geschrieben, und er hatte es sich verboten, sie mit seinen Sorgen zu belästigen.

Dr. Mutzenberg entließ Herrn Soutter, der sein Gast gewesen war, mit Wohlwollen und, wie er bemerkte, mit guten Aussichten auf ein geordnetes Leben.

7

Jeanne

Sie kamen sich allmählich abhanden, Louis und seine Schwester, und doch nie ganz. Die Geschichte mit Madge beschäftigte sie stärker, als sie wollte. Schon in den Anfängen dieser Liebe, in Brüssel, hatte sie erraten, worauf sie hinauslaufen würde: auf zunehmendes Unverständnis, auf gegenseitige Erniedrigung. Als Louis nach sieben Jahren so abgebrannt, so geschwächt von Madge nach Morges zurückkam, konnte sie seinen Zustand kaum ertragen. Sie versuchte, ihm beizustehen, seine Unzugänglichkeit zu überwinden. Es ging nicht, auch als sie sich einverstanden erklärte, von ihm für die Ausstellung im *Palais de Rumine* porträtiert zu werden.

Das Bild, das entstand, war sein Bekenntnis zu strenger Distanz, er konnte die Schwester nicht anders darstellen als so nonnen-, nein, gouvernantenhaft, mit einem schwarzen Hut, der sie zu erdrücken schien. So war sie zu würdevoll und der

Mutter zu ähnlich. Sie hütete sich, Louis deutlich zu kritisieren, machte bloß vorsichtige Einwände. Er senkte beschämt den Kopf, gab zu verstehen, er wisse ja, wie wenig wert seine Sachen seien. Und sie musste ihre ganze Energie aufwenden, um ihn wieder zu stärken. Aber belügen wollte sie ihn nicht. Er würde intensivere und eindrücklichere Bilder schaffen, davon war sie überzeugt. Dass er ihr Porträt dann mit einem Messer aufschlitzte und behauptete, das müsse so sein, hatte einen besorgniserregenden Grad von Überspanntheit. Aber überspannt, sagte sich Jeanne, waren seit Papas Tod wohl alle in dieser Familie, sogar Albert, der seine Talente in sich eingemauert hatte, weil er so sehr auf Zahlen achten musste.

Da hatten ihre wechselnden Bekanntschaften mit Männern schon angefangen. Das virile Gehabe, das auch die Musikszene beherrschte, war ihr zuwider. Sie wollte Verständnis und Gleichgestimmtheit und nicht Unterordnung. Während Louis in seinem unsteten Leben als Musiker unterwegs war, unterrichtete sie am Konservatorium von Fribourg, gab als Mezzosopranistin Konzerte in der welschen Schweiz, zudem Stunden in Biel und Solothurn. So reiste sie viel herum, lernte Männer, meist aus anderen Musikfächern, kennen, die ihr zuerst gefielen, bis sie dann aber immer wieder vor ihren autoritären Ansprüchen flüchtete. Vieles konnte sie versteckt ausleben. Die Mutter bekam trotzdem davon Wind. Und Jeanne musste darauf gefasst sein, dass sie die Tochter bei einem ihrer nächsten Besuche zur Rede stellen würde.

»Was suchst du bei diesen Männern?«, fragte die Mutter in forderndem Ton, der rasch ins Schrille glitt.

»Zuneigung«, sagte Jeanne. »Oder was denkst du denn?«

Das Lachen der Mutter, ihr gegenüber auf dem schrecklichen Ohrensessel mit dem verblichenen Pfingstrosenmuster, war ihr unheimlich; ihre Wangen, sonst bleich, fast wächsern, glühten vor Ärger. »Dazu sind Männer von diesem Kaliber nicht fähig. Sie wollen bloß deinen Körper und ihre Lust. Und wenn du nachgibst, beherrschen sie dich.«

Gegen ihren Zorn war die Tochter machtlos, ihr blieb nur die Provokation. »Was heißt das denn für dich und deinen Ehemann?«

Marie-Cécile schien fassungslos, erstarrte einen Moment, fuhr Jeanne an: »Lass Adolphe gefälligst aus dem Spiel. Der tut hier nichts zur Sache.«

»Aber irgendwie hat er doch drei Kinder gezeugt, oder nicht?«

Wieder brauchte sie Sekunden, um der Tochter, noch um ein paar Grade feindseliger, zu entgegnen:

»Dein Vater und ich waren verheiratet, falls du das vergessen haben solltest.«

»Und das macht also den ganzen Unterschied.«

»Was denn sonst? An irgendwas müssen wir uns halten, gerade wir Frauen. Sonst wird man« – sie zögerte einen Moment – »zur Schlampe.« Das Wort war aus ihr herausgebrochen wie ein Gesteinsbrocken, roh und kantig. Und sie wiederholte es mit hysterischem Nachdruck: »Zu einer Schlampe, von allen verachtet.« Sie beugte sich vor, ihr Körper derart verkrampft, dass sie beinahe vornüber aus dem Sessel fiel. »Und du, du bist auf dem Weg dazu.«

Jeanne stand vom senfgelben Hocker auf, den Marie-Cécile den Kindern bei Zweiergesprächen jeweils zugewiesen hatte; diese Farbe war ihr schon immer zuwider gewesen. »Ich lasse mich von dir nicht beleidigen«, sagte sie mit erzwungener Ruhe. »Ich will wissen, was Liebe ist und was sie für mich heißt. Anders als du. Und ich will meine eigenen Erfahrungen machen.«

Die Mutter versuchte, ihr schweres Atmen, fast ein Keuchen, zu unterdrücken. »Dann mach sie und verspiel deinen Ruf. Man redet schon über dich. Und natürlich macht man mich verantwortlich für dein unmoralisches Verhalten. Man sagt dir sogar nach, dass du Liebschaften mit verheirateten

Männern hast. Aber dir ist es egal, wenn ich deswegen nächtelang nicht schlafen kann.«

Das Abendlicht wurde schwächer im Salon; ihre Züge begannen zu verschwimmen, und die Tochter wusste nicht, ob sie die Mutter hassen oder bemitleiden sollte. »Lass mich in Ruhe mit deiner bigotten Moral!«, befahl sie, obwohl es ihr beinahe die Stimme verschlug. »Bist du überhaupt noch lebendig außer am Klavier?«

Die Mutter erschauerte, Jeanne glaubte, Tränen in ihren Augen zu erkennen, vielleicht war es eine Täuschung. Was hat man dir, was haben wir dir zuleide getan?, hätte sie sagen wollen, aber die Kehle war ihr zugeschnürt.

Eine Weile blieb es still zwischen ihnen, bloß ihre heftigen Atemgeräusche rivalisierten miteinander.

Als die Mutter wieder sprechen konnte, sagte sie in einem Ton, als werde sie von einer unsichtbaren Kraft angestachelt: »Geh, geh jetzt.« Und nach einer Weile, als sich Jeanne nicht rührte, noch lauter: »Geh weg und komm nicht wieder.«

Das genügte. Jeanne packte die wenigen Sachen, die noch in ihrem ehemaligen Zimmer waren, zusammen und verließ das Haus. Marie-Cécile hatte sich in ihrer Schlafzimmergruft versteckt. Jeanne schien es, das sei der endgültige Bruch, und er schmerzte weniger, als sie erwartet hätte. Sie ging zum Bahnhof, kehrte so schnell wie möglich in ihre kleine düstere Wohnung in der Altstadt von Fribourg zurück, die war nun ihr Obdach geworden, der selbstgewählte Mittelpunkt ihres Lebens. Nicht gesagt hatte sie der Mutter, dass sie, trotz all ihrer Liebesversuche, seit Jahren an einem Mann hing, einem Cellisten. Er war ein Cherub mit Lockenhaar, das ihm in den Nacken fiel, und einer sanften Stimme. Sie wartete vergeblich auf ihn. Er war verheiratet, er wollte nicht weg von seiner Frau und den zwei Kindern, obwohl er behauptete, dass er Jeanne liebe wie keine andere, sie seien sich aber zu spät begegnet. Wäre die Mutter darüber im Bild gewesen, hätte sie sich bestätigt gefühlt, sie hätte der Tochter mit ihrer kaltherzigen Duldermiene gepredigt, dass dieser Mann, seines Verzichts wegen, ein Vorbild sei. Kann man ein Vorbild sein, wenn man sich willentlich todunglücklich macht und das eigene Unglück auch auf die Nächsten abfärbt? Dieser Mann war es, der sie in ihren Liebeswirrwarr trieb; keiner war so begehrenswert wie der, den sie nicht bekam. Ja, sie lag beim einen und anderen Mann, wollte in ihnen diesen Einen erkennen, der sie, wie in einem Kitschroman, in einem verschwiegenen Garderobenwinkel ein einziges Mal geküsst hatte, und erkannte ihn nicht.

Louis sah sie kaum noch, er war ein musizierender Vagabund geworden, lief auch vor sich selbst davon. Einmal lud sie ihn nach Fribourg ein, er kam, so schien es ihr, mit Widerwillen, sträubte sich gegen ihre Erkundigungen. Was sie sang und wo, das wollte er hingegen wissen. Und auch, ob sie das Unterrichten befriedige. Er verzog dabei den Mund und gab ein paar parodistische Töne von sich, als wäre er ein unbegabter Schüler. So hatte auch sie schon gespottet. Vom Wein, den sie für ihn entkorkte, trank er keinen Schluck. Sie fragte ihn, was er denn, mit Mitte dreißig, in seinem Leben noch wolle. Er zuckte die Schultern, sah lange vor sich auf den Boden, sagte dann: »Weiterleben.« Und fügte nach einer Weile hinzu: »Und das Schlimmste verhindern.« Was dies in seinen Augen war, verriet er nicht. Über ihre Mutter, über ihre Kindheit im Apothekerhaus schwiegen sie sich aus; sie wussten beide, wie unheilvoll Marie-Céciles Einfluss auf sie gewesen war. Sich von ihr zu befreien, war eine beinahe unmögliche Aufgabe.

Ein zweites Mal sah sie Louis in diesen Jahren, als er unerwartet zu einem Konzert in Lausanne erschien, sie sang, vor halbvollem Saal, Arien von Donizetti und Bellini. Er kam danach zu ihr in die Garderobe, überreichte ihr eine Rose, er nahm seinen Hut ab, verbeugte sich vor ihr, erzählte aber nichts über sich, wich allen ihren Fragen aus. Sie wusste bloß von seinen Engagements als Violinist in verschiedenen Orchestern. Sie hätten einander so viel zu sagen gehabt und zogen vor, es zu verschweigen.

8

Louis

Die Mansarde war nach seiner Zeit im Sanatorium unbesetzt geblieben, sogar das umgedrehte Bild von Jeanne stand noch da. Die Wände rochen nach Feuchtigkeit, Louis sah die dunklen Flecken auf dem Verputz. Man erwartete von ihm, dass er sich nach einer bezahlten Stelle umsah, als Musiker, als Kunstlehrer, warum nicht als Briefbote, fragte er sich sarkastisch. Er übte auf der Geige, versuchte sich, die Noten vor Augen, wieder an Bachs Solosuiten. Papier und Zeichenstift verbannte er aus seiner Nähe. Entscheide dich fürs eine oder das andere, hatte ihm Jeanne bei ihrem ersten Besuch nach der langen Abwesenheit eingeschärft, dann geht es dir besser. Er fand heraus, dass das *Orchestre de Genève* zusätzliche Stimmen in der ersten Violine suche, und durch Jeannes Vermittlung brachte er es zustande, dass er für ein Vorspiel eingeladen wurde.

Drei Herren hörten ihm zu. Er sei, sagte Louis,

zwei Jahre lang Schüler von Ysaÿe in Brüssel gewesen. Das beeindruckte sie. Er hatte, wie er selbst wusste, schlecht gespielt, wieder die unreinen Terzsprünge und Doppelgriffe, die stolpernden Finger in den schnellen Sätzen bei Bach. Er sei sieben Jahre weg gewesen, in den USA, sagte er, er habe dort nur selten Geige gespielt, den Unterricht in bildender Kunst vorgezogen und ihn geleitet. Die drei Herren nickten; er müsse wieder regelmäßig üben, sagten sie, aber sein Klang sei schön, das rhythmische Gefühl ausgeprägt. Er wurde aufgenommen, und draußen im Flur machte er einen kleinen Freudensprung, etwas schepperte im Geigenkasten, es war bloß das Kolophonium.

Schon zwei Wochen später saß er bei den ersten Geigen im Genfer Symphonieorchester. Er hatte, über einen alten Malerkollegen, ein Zimmer bei der Witwe Carrel gefunden, sie hörte schlecht, er konnte nach Belieben üben, oft bis tief in die Nacht, was niemanden im Haus störte. Sich die Noten von Debussys *La mer* einzuprägen, war nicht leicht. Manchmal, wenn der Dirigent Stavenhagen den Taktstock hob, zitterte Louis' Hand. Er zwang sich, den Bogen stärker auf die Saiten zu setzen, das gelegentliche Ausrutschen, das kleine Quietschen zu ertragen, die strafenden Blicke des Pultnachbarn. Er hatte eine Tagesstruktur – Proben zu festgelegten Zeiten, Aufführungen am Abend – und wieder einen kleinen Monatslohn. Das tat ihm gut, wobei er es nicht lassen konnte, das Familienvermögen für größere Auslagen, zum Beispiel für einen eleganten Frack, in Anspruch zu nehmen; keiner trug im Orchester einen schöneren, darüber wurde unter den Kollegen gespöttelt.

Ab und zu schrieb er Jeanne ein paar Zeilen, nie der Mutter, obwohl er sie grüßen ließ. Jeanne antwortete nicht, sie war, dachte Louis, damit beschäftigt, auf ihre große Liebe zu warten, und weil die nicht kam, folgte eine kleine Liebe nach der anderen. Seine große hatte sich gezeigt und war verblasst. An eine Wiederauferstehung glaubte er nicht.

Die Musik, die er spielte, hob ihn manchmal hoch, entrückte ihn; er hatte Mühe, sich in der Realität des Orchestergrabens zurechtzufinden. Es kam vor, dass er ein paar Takte aussetzte, die Geige sinken ließ, dann doch den Anschluss wiederfand, am schnellsten, wenn der Pultnachbar mit der Bogenspitze unwirsch auf die Stelle wies, wo man angelangt war. Diese Aussetzer machten Soutter bei den Kollegen noch stärker zum Außenseiter. Er achtete nicht darauf.

Die Zeit hatte einen anderen Charakter als im Sanatorium, es gab übereinandergelagerte und nicht mehr ineinanderfließende Schichten, erklären konnte er das niemandem. Als er sich in dieser seltsam verflochtenen Gemeinschaft immer mehr ausgegrenzt fühlte, beschloss er, die Stelle zu wechseln, er wurde, trotz nur halbherziger Empfehlung des Orchesterchefs, den ersten Geigen im *Orchestre de Lausanne* zugeteilt, aber nicht mehr am dritten Pult wie in Genf, sondern am sechsten und letzten. Der neue Dirigent hieß Ansermet, und Soutter wusste bald, dass sie einander nicht mochten. Er war jünger als Louis, gebärdete sich als kleiner Despot. Louis versuchte, sich zusammenzureißen, in jeder Hinsicht konzentriert zu bleiben, keinen Tadel zu provozieren; Ansermet, der zeitgenössische Komponisten fördern wollte, war bekannt für scharfzüngige Bemerkungen gegenüber Musikern, denen er ansah oder anhörte, dass sie weder Strawinsky noch Enescu mochten. Hin und wieder passierte es, dass Louis lieber zuhörte, als dass er mitspielte. Er konnte sich nicht daran hindern, es geschah mit ihm, die Musik war stärker als seine Vorsätze, und er ließ, ganz Ohr, die Geige sinken. Es waren die Momente, da er, wie schon in Genf, völlig abwesend schien, bis ihn sein Nachbar anstieß, dann fuhr er zusammen, versuchte, sich zurechtzufinden. Das konnte Ansermet nicht verborgen bleiben, einige Male gab er vor, Soutters innere Absenz zu übersehen, dann aber klopfte er mit seinem Stab enerviert aufs Notenpult, unterbrach die Probe und herrschte ihn an, er solle sich gefälligst zusammennehmen und nachts genügend schlafen. Louis versuchte, sich zu entschuldigen, Ansermet hörte gar nicht zu und setzte die Probe fort. Aber die Zwischenfälle häuften sich. Ansermets Gesicht brannte vor Zorn, sein Kinnbart zitterte, die Stimme stieg in die Höhe, als er den unaufmerksamen Violinisten anfuhr: »Wollen Sie eigentlich meine Autorität anzweifeln?« Zuerst versetzte er Soutter zu den zweiten Geigen, es war ein Abstieg in Raten, und Soutter gehorchte auf störrische Weise. Niemand nahm für ihn Partei, niemand widersetzte sich dem Dirigenten. Die gelegentlichen Ausfälle Ansermets gegen die jüdisch parfümierten Stellen in Mahlers Symphonien, wie er sie nannte, ertrugen auch die jüdischen Orchestermitglieder mit Schweigen. Es kam so weit, dass Soutter offiziell entlassen wurde. Die Direktion warf ihm vor, er habe Ansermets Stellung vorsätzlich und beweisbar untergraben. Und außerdem sei er nicht auf dem professionellen Niveau, das Ansermet mit Recht verlange. Louis wusste, dass er sich diplomatischer hätte verhalten sollen, aber er war dazu nicht imstande.

Die Verbannung aus dieser heterogenen Gemeinschaft bedauerte er nicht. Er fragte sich bloß, womit er künftig sein eigenes Geld verdienen konnte. Er kehrte zurück in die Mansarde am See; sie gehörte nun zum Familienbesitz, nachdem Albert sie gekauft hatte, weil er vielleicht doch ein Refugium für den Bruder offenhalten wollte. So nahm Louis weiter die Unterstützung der Familie in Anspruch. Er bemühte sich, dem Bruder gegenüber Dankbarkeit zu bezeigen; aber wenn sie sich zur Seltenheit sahen, fielen ihm die passenden Wendungen dafür nicht ein.

Jeanne wohnte nun endgültig in Fribourg. Aber als sie vom Streit des Bruders mit Ansermet vernahm, fuhr sie nach Morges und riet Louis, sich beim Dirigenten, der ihn verjagt hatte, für seine Aufsässigkeit zu entschuldigen und ihn zu bitten, es mit ihm noch einmal zu versuchen. Das verlangte ausgerechnet seine stolze Schwester von ihm. Louis brauste auf: »Ansermet hasst mich, weil er sieht, dass die Musik mich ausfüllt, er hingegen will sie beherrschen, er will Dompteur sein und nicht Schöpfer.«

Jeanne strich beruhigend über seine Hände. »Dirigenten sind höchstens Nachschöpfer. Das hast du doch längst erkannt.«

Er nickte widerstrebend. »Du bist klüger als ich. Ansermet mag ein fähiger Nachbeter sein, aber ich will mit diesem Mann nichts mehr zu tun haben.«

Was willst du dann?, stand in ihren Augen, aber sie sagte es nicht.

Er entdeckte den Stummfilm, der nun auch in den Städten der Westschweiz die Säle zu füllen begann, er entdeckte sein Talent dafür, das Geschehen auf der Leinwand, an der Seite eines Pianisten, mit Improvisationen auf der Geige zu begleiten. Barthlémy hatte er in einer Hotelbar kennengelernt, er überließ sich am Klavier fingerfertig den Stimmungen, die er aus der Filmhandlung las. Louis war fasziniert von diesem Wechselspiel, er überredete den kleingewachsenen Mann, mit ihm zusammen aufzutreten. Ein Kinobetreiber in Montreux gab ihnen die Chance. Die beiden Musiker einigten sich auf bestimmte Muster: Ein langer Kuss sollte in D-Dur enden, eine Verfolgungsjagd musste in eine Polka übergehen, ein Streit zwischen Männern verlangte einen Militärmarsch mit klirrend lauten Akkorden vom Pianisten und Pizzicati von Louis.

Sie saßen seitlich der Sitzreihen in einem schummrigen Lichtkegel, mit Blick auf die Leinwand, am Rand waren knapp die Köpfe der Zuschauer erkennbar, auch von solchen, die sich küssten, und die hätte Louis, insgeheim neidisch, gerne laut aufgefordert, hinzuschauen und zuzuhören.

Nachmittags fanden Vorführungen für Familien

mit Kindern statt. In deutschen Märchenfilmen gab es Sequenzen mit animierten Scherenschnittfiguren. Von ihnen fühlte sich Louis angezogen und zugleich so gefangen, dass sein Spiel stockte, zeitweise aufhörte, weil die Finger ihm nicht mehr gehorchten; nur Barthlémy, der unbeirrt weiter improvisierte, rettete ihn vor der Beschämung, auf der Stelle entlassen zu werden. Die Figuren auf der Leinwand verfolgten einander, krummnasige Hexen, Zauberer mit hohen Hüten, Vögel mit übergroßen Flügeln. Die Kinder lachten und schrien, wenn es zu einem Kampf zwischen Drache und Prinz kam, die Prinzessin ohnmächtig hinsank. Dunkle Konturen huschten dahin, flimmerndes Weiß als Hintergrund, eine zweigeteilte Welt. Setzte Louis' Spiel zu lange aus, stand ihm Barthlémy bei, indem er seinen Namen rief: »Louis, Louis!« Dann kam der Violinist zu sich, es war ihm zumute, als habe er sich in einer Traumwelt verloren, er nahm sich zusammen, spielte irgendwie weiter. Es sei ja zeitweise eine wahre Katzenmusik gewesen, lachte der Pianist ihn nach der Vorstellung aus, aber das Publikum habe zum Glück darüber hinweggehört.

9
Marie-Cécile

Es geht nicht mehr anders, es muss sein. Wir haben ihn bevormunden lassen. Trotz aller Ermahnungen erweist sich Louis, was ich schon lange geahnt habe, als unfähig, selbständig durchs Leben zu gehen. Da ist Albert doch zuverlässiger. Seit Jeanne kränkelt, wohnt sie nun zeitweise wieder bei mir und gibt vor, sie müsse sich um mich kümmern. Sie ist zwar gegen die Vormundschaft, sie hat Louis immer in Schutz genommen, aber die Geldverschwendung, die er uns jahrelang aufgezwungen hat, muss ein Ende haben. Die Apotheke wirft inzwischen deutlich weniger ab, ehemalige Kunden meiden uns, wandern ab zur Konkurrenz, wir können unser Vermögen nicht weiterhin für Louis' Extravaganzen verschleudern. Was sollen diese Maßanzüge, für die er uns die Rechnungen schickt? Die Lederschuhe aus Paris? Die Hüte? Die Taschenuhren? Die Pralinés aus den teuersten Confiserien, die er verschenkt? Ein Hochstapler sei er, ein Betrüger und notorischer Lügner, beschwert sich Albert über den Bruder, und ich muss ihm recht geben. Woher hat Louis diesen Drang, ein eleganter Lebemann, ein Dandy zu sein? Dabei hat er als Künstler – als Maler, als Musiker – überall versagt. Ein hartes Urteil sei das, beschuldigt mich Jeanne, mir fehle das Verständnis für Louis' Labilität. Obwohl sie oft in sich versunken scheint, nimmt sie immer noch Partei für ihn. Wie lange ist es her, dass ich gehofft habe, Louis werde berühmt, er werde den Namen Soutter in die Welt hinaustragen. Ansermet, ein Mann mit Renommee, hat ihn vor zwei Jahren buchstäblich aus dem Orchester geworfen. Muss es uns erstaunen, dass Louis, zu seinem eigenen Schutz, wie er beteuert, die Bevormundung akzeptiert? Das gebe ihm eine Stütze; ach, er ist so bedürftig, manchmal möchte man ihn an sich ziehen und trösten, aber ich habe das nie geübt. Phasen von Einsicht wechseln bei ihm ab mit Großmannssucht. Von meinem Schwager, dem Arzt, ließ er sich begutachten, die Bevormundung wurde durch das Friedensgericht von Morges über ihn verhängt. Der Schwager war bei der Verhandlung dabei, ich hatte die Kraft dazu nicht. Louis sei, soll er selbst gesagt haben, zufrieden mit dem wenigen Geld, das man ihm noch überlasse. Er könne ja sein Leben weiterführen, man solle ihn nur bitte – ja, er habe darum gebeten – nicht einsperren wegen seiner Unfähigkeit, eine bürgerliche Existenz zu führen, er tue niemandem etwas zuleide, er werde sich einfach weniger gönnen. Und dann habe er hinzugefügt, der Krieg, in dem Franzosen und Deutsche seit Monaten einander massakrieren, sei doch trauriger und bedeutungsvoller als seine eigene Existenz. Das beeindruckte den Schwager. Dieser grausame Krieg, den die Deutschen begonnen haben, beschäftigt auch Jeanne, aber das ist nicht der Grund für die zunehmende Schwäche, die sie zu verstecken versucht. Ich glaube, es ist ein seelisches Leiden, das sie drangsaliert. Woher es kommt, wissen wir nicht.

10

Jeanne

Dass sie dann doch wieder ins alte Haus am See zog, hätte sie selbst nicht für möglich gehalten. Niemand hatte es vorausgesehen. Albert, dessen Handschrift schwer leserlich geworden war, schrieb ihr, die Mutter sei mittlerweile schwach und leidend, ob sie es nicht als ihre Pflicht ansehe, sich um sie zu kümmern. Tagelang weigerte sich Jeanne, darauf zu antworten, aber sein Anspruch begann, sie zu lähmen.

Sie wunderte sich, dass sie es in der Tat als töchterliche Aufgabe ansah, der Frau, die ihr das Leben geschenkt hatte, beizustehen, der Vater war ja schon vor Jahren gestorben. Aber ist das Leben ein Geschenk? Daran zweifelte sie schon als Halbwüchsige. So ging sie, trotz aller Gegengründe, zurück ins Elternhaus und richtete ein anderes Zimmer für sich ein als jenes vor ihrem Auszug. Die Mutter zeigte sich merkwürdigerweise erfreut über ihre Heimkehr, ihre Züge, so schien es

Jeanne, waren weicher geworden, zugleich von den Altersspuren gezeichnet. Den Streit, der sie vor Jahren auseinandergebracht hatte, erwähnten sie mit keinem Wort. Marie-Cécile hatte sich ihrer rätselhaften Schwäche ergeben, lag tagelang im Bett, trällerte manchmal vor sich hin, aber vom Klavier wollte sie nichts mehr wissen. Jeanne tat ihr Bestes, um die Mutter aufzuheitern, sang ihr vor, wenn sie danach verlangte, und begleitete sich selbst auf dem Klavier, so, wie Marie-Cécile es früher getan hatte, befehlend meist und unwirsch. Claire, das Dienstmädchen seit vielen Jahren, sorgte fürs leibliche Wohl und den ganzen Haushalt, Jeanne empfing die Besucher, geleitete sie ans Krankenbett, organisierte kleine Teegesellschaften, bei denen sie schweigsam am Tisch saß. Diese selbstgewählte Existenz ertrug sie nur, weil sie doch häufig für Tage wegfuhr, Konzerte gab, in Fribourg und La Neuveville unterrichtete; auch das Üben lenkte sie von der pflegebedürftigen Mutter ab.

Ihr Frauenchor in La Neuveville hatte sich inzwischen etabliert, und sie hatte bei der Stadtregierung um Unterstützung ersucht. Das war ein paar Jahre her. Der Syndic, der Stadtpräsident persönlich, wollte mit ihr sprechen. Ein graubärtiger, schmaler Mann mit Stirnglatze, in dessen Büro es nach Kampfer roch. Es war eine schriftliche Vorladung gewesen, sie hatte ihr widerwillig Folge geleistet.

»Man muss doch«, sagte er, indem er ihrem Blick auswich, »nicht jede neue Mode mitmachen.«

»Das ist keine Mode«, antwortete sie kühl, sondern ein Bedürfnis vieler musikliebender Frauen.«

»Ja, ja«, er nickte überheblich, »diese Frauen verkennen, dass einem Chor ohne die Bassstimmen das Fundament fehlt. Aber Frauen ganz allgemein wollen sich abstützen können, das ist ihre Natur.«

Sie bezwang ihren Ärger. »Auch Altstimmen können tragend sein, Monsieur le Syndic. Kennen Sie die Lieder für Frauenchor von Brahms? Und wenn ja, fehlt Ihnen da etwas?«

Er wedelte die Frage mit beiden Händen weg, der Name Brahms sagte ihm nichts. »Gewiss, gewiss. Das mag in den Metropolen manchen gefallen, der Mehrheit hier in unserer traditionsbewussten kleinen Stadt aber nicht, da bin ich sicher.«

»Es gibt schon dreißig Anmeldungen von Frauen, die mein Anliegen teilen«, sagte sie und fasste den Mann, der nun schwerer atmete, scharf ins Auge.

Der Syndic zögerte. »Nun gut, dann tun Sie, was Sie wollen, aber die Gemeinde ist leider nicht in der Lage, Ihr Experiment finanziell zu unterstützen.«

Der Abschied war kurz und formell. An der Tür sagte sie: »Wir werden Sie selbstverständlich zum ersten Konzert einladen.«

Er nickte, sein Blick verschwamm, er tastete nach dem Dokument auf dem Schreibtisch, das ihm am nächsten lag.

Dass einem vierstimmigen Frauenchor die Grundlage fehle, war ein Einwand, den sie häufig zu hören bekam. Bei solchen Diskussionen stand ihr Louis vor Augen; er war ein Gegenbild zu lautstarker Schnauzbärtigkeit und prahlerischer Trinkfestigkeit, er war zart und doch knochig, zurückhaltend und doch aufmerksam; wie oft musste sie sich eingestehen, dass er ihr fehlte. Bei der Arbeit mit den Sängerinnen entdeckte sie sich selbst auf neue Weise. Aber das genügte ihr nicht; nach wie vor warb sie um die Zuneigung des Cellisten, heftiger noch, seit er sich von Jeanne, seiner Familie wegen, ganz abgewendet hatte. Sie träumte von ihm, sie versuchte ihm, schlimmer als eine verliebte Fünfzehnjährige, scheinbar zufällig zu begegnen. Er benahm sich freundlich, aber sie sah sehr wohl, dass er die Hand, die er ihr gab, sogleich wieder schreckhaft zurückzog. Immerhin war er ein Befürworter von Frauenchören. Am liebsten hätte sie die Erinnerung an ihre gemeinsamen Spaziergänge aus sich herausgeschnitten. Olivier hieß er, wie der

Olivenbaum. Sie sagte es niemandem; Louis hätte sie es anvertraut, aber er hielt sich, Jahr um Jahr, fern von Morges, und sie schrieben einander nichts als einige nichtssagende Zeilen zu Weihnachten und zum Geburtstag, meistens wusste ohnehin nur Albert, wo sich der bevormundete Bruder gerade aufhielt, und behielt es gerne für sich.

Die Verhältnisse kehrten sich um, damit hatte sie nicht gerechnet. Nun war sie es, die Tochter, die erkrankte, während die Mutter erstarkte. Auch bei Jeanne fand der alte Hausarzt keine medizinisch behandelbaren Symptome, es sei Erschöpfung, versuchte er Jeanne einzureden, sie habe zu viele Verpflichtungen angenommen, ihr dauerndes Herumreisen zehre an ihren Kräften, sie solle sich ausruhen, viel liegen. Sie hatte in der Tat kaum noch die Energie, das Bad im oberen Stock ohne Hilfe aufzusuchen. Ihre Schwäche ließ die gebieterischen Allüren der Mutter neu aufleben. Sie sorgte sich um die Tochter, als wäre sie wieder die Dreijährige, die an Masern litt, sie saß auf einem Hocker neben ihr am Bett und schaute sie auf unergründliche Weise an, sie tätschelte ihre Hand, verbot ihr alle Anstrengungen, sie öffnete die Tür des Musikzimmers, wenn sie auf dem Klavier übte, und fragte, was sie für die Tochter spielen solle. Bach, den Jeanne stets nannte, war nicht ihr Liebling, aber sie nahm das Heft mit den Präludien und den Französischen Suiten hervor, und Jeanne hörte in ihrer Benommenheit willenlos zu. Das alte Dienstmädchen, Claire, brachte ihr Lindenblütentee ans Bett, sie hob ihr das Kinn hoch und half ihr beim Trinken. Jeanne hätte sich einen Besuch von Louis gewünscht, nein, sie sehnte ihn herbei, sie bildete sich ein, dass ihr allein schon seine Gegenwart geholfen hätte. Er war doch der ältere Bruder, der so lange an ihrer Seite gestanden hatte. Jungen aus der Nachbarschaft, die sie belästigten, hatte er vertrieben und die Schwester in die Arme genommen, wenn sie weinte. Dass das Leben als Erwachsene sie beide so weit auseinandergebracht hatte, verstand sie nicht. Hatten sie das gewollt? Sie hätte Louis schreiben können, ihn fragen, wie es ihm gehe; ihr gehe es schlecht. Aber er wäre nicht gekommen, er konnte, das wusste sie, ohne ihre Entfremdung nicht ruhig sein.

Körperlich ging es ihr nach den ersten Wochen der Krankheit ein wenig besser, aber die Bedrücktheit, die sie bis in alle Poren besetzte, konnte sie nicht aus sich verbannen. Es gab Stunden, vor allem in schlaflosen Nächten, da hätte sie nicht mehr leben mögen, einfach vergehen, still verwelken wie eine Pflanze, die geblüht und ihre Aufgabe erfüllt hat, denn sie hatte ja gesungen, und ihre Stimme hatte sie zu denen getragen, die ihr zuhören mochten. Zum Singen war sie jetzt zu schwach, und vielleicht war das der Mutter gerade recht. Claire hingegen wollte Jeanne nie dominieren, nie zum Gehorsam zwingen, nie zu Höchstleistungen abrichten. Sie war einfach da, vielleicht würde sie auch da sein, wenn Jeanne einen letzten Dienst von ihr erbitten sollte.

II

Marie-Cécile

Was ist das für eine Prüfung, wenn einer Mutter auferlegt wird zuzuschauen, wie die eigenen Kinder leiden und dahinserbeln? Jeanne hat mich ja eine gute Weile gepflegt, als ich an einer langwierigen Darmentzündung litt, sie hat sogar ihre Engagements als Chordirigentin eingeschränkt, um in meinem Haus einziehen zu können. Als ich wieder auf den Beinen war, wurde sie krank, sie magerte ab, lag antriebslos in ihrem Zimmer, es kam mir vor, als strebe sie diesen Zustand an. Sie weigerte sich, einen Facharzt beizuziehen, sie wurde von Tag zu Tag schwächer, sie erinnerte mich an Emily Brontë, die jede männliche Hilfe zurückwies, dabei hat Jeanne ja, als es ihr gutging, die Männer geliebt, leider zu viele, und den einen, den sie gewollt hatte, bekam sie nicht, das fand ich erst später heraus, als ich die versteckten Briefe fand, die sie nie abgeschickt hatte.

Gegen außen wollte ich nicht verraten, in welchem Zustand sich meine Tochter befand. In den letzten Tagen versank sie in tiefster Schwermut, und das brachte mich gegen sie auf. Dann fand Claire, als sie ihr den Morgentee ans Bett bringen wollte, Jeanne leblos vor, ohne Puls, auf dem Nachttisch ein leeres Wasserglas. Ob sie dem Tod nachgeholfen hat? Ein unerträglicher Gedanke. Oder hat Claire ihr die Schlafmittel besorgt? Haben sich die beiden gegen mich verschworen?

Ich konnte es vermeiden, dass der Amtsarzt den Totenschein ausstellte, es war zum Glück unser alter Hausarzt, der es tat, sonst hätte es eine Untersuchung gegeben. Louis kam nicht zur Beerdigung. Albert, der fast immer wusste, wo er gerade war, hatte ihm ein Telegramm geschickt, das ohne Antwort blieb. Dabei waren Jeanne und Louis als Kinder ein Herz und eine Seele gewesen. Und auch später waren sie sich einig im Bündnis gegen mich.

Es ist ungerecht, Kinder sollten nicht vor den Eltern sterben. Und Jeanne ist ausgerechnet im Juli gestorben, mitten im Sommer, zur Blütezeit von Rosen und Lilien. Einmal hat mir Albert, wie so oft halb betrunken, vorgeworfen, dass ich Blumen mehr liebe als Menschen. Vielleicht hat er recht.

12
Louis

Er war hier, er war dort, er spielte in kleinen Ensembles, ein Tingeltangelmusiker sei er geworden, spottete er über sich selbst an guten Tagen, die elegante Kleidung mit Krawatte musste sein. Ein Krieg begann im Sommer 1914, den angeblich niemand gewollt hatte. Louis hielt ihn von sich fern, Schützengräben und Minen ängstigten ihn, er war nun dreiundvierzig und nie Soldat gewesen, ärztlich ausgemustert. Die Salonmusik in Grandhotels bot ihm einen Schutzraum. Wenn der Kollege am Kontrabass und der Klarinettist in erregter Diskussion nach dem Auftritt Partei nahmen für Frankreich oder Deutschland, hörte er weg, tauschte lieber Blicke mit der weißbeschürzten Kellnerin, die ihm das Glas vollschenkte. Er zupfte sie scherzhaft am Häubchen; von diesem schlaksigen Mann ließ man sich vieles gefallen, er meinte es nicht böse.

Albert wusste, wo Louis jeweils spielte, doch er zeigte sich nie, es war, als ob der Bruder für ihn verschollen sei. In Gstaad blieb das Ensemble die ganze Wintersaison über. Wo Jeanne sich aufhielt, wusste niemand genau, sie meldete sich bei der Familie nach eigenem Gutdünken, hatte Anstellungen hier und dort, gab Stunden, sie zog auf andere Weise herum als Louis. Sie geht dem Glück aus dem Weg, sagte sich Louis, wenn er einen ihrer kurzen Briefe las, aus denen ihm, ohne dass sie es aussprach, ihre Niedergeschlagenheit entgegenkam. Vor der Frage, was denn das mögliche Glück für ihn wäre, verschloss er sich. Und doch musste er sich an die Spiele mit der kleinen Schwester im elterlichen Garten erinnern, an ihr übermütiges Lachen, wenn sie sich in ihren Schlupfwinkeln aufgespürt hatten, einander packten und nicht losließen. Wie es seine Art war, schrieb er Jeanne nicht zurück, schickte bloß hin und wieder eine Grußkarte mit besonnter Berglandschaft; er hätte Nebel vorgezogen, aber solche Karten gab es nicht. Dann bekam er von Albert eine Mitteilung, die länger als zwei, drei Sätze war. Jeanne müsse viel liegen, schrieb er, sie sei inzwischen bei der Mutter eingezogen, um sie zu pflegen, nun sei es aber umgekehrt, die Schwester leide an Schwermut, sie verliere an Gewicht. Ob man in der Nähe der Mutter gesunden konnte, war zweifelhaft für Louis.

Im prunkvollen Palace Hotel von Gstaad, das

erst vor drei Jahren eröffnet worden war, kam er sich vor wie in einem Gewächshaus, künstlich ernährt, über sich ein blau gefärbtes Glasdach, das den Himmel imitierte. Aber in diese Künstlichkeit versuchte er sich zu retten vor den Schüssen, den Explosionen der Granaten, den Schreien der Verwundeten, die er nachts manchmal zu hören glaubte. Seine Dachkammer war schlecht geheizt und dunkel, aber doch weiter weg vom Krieg als der Saal, auch wenn er wusste, wie absurd diese Vorstellung war. Manchmal, in den anderthalbstündigen Pausen zwischen den Auftritten, musste er hinaus, er stürmte auf der Straße voran, erschreckte Passanten, er nahm den eisigen Weg zum Turbach-Tal, er rutschte auf seinen Schuhen mit den Ledersohlen dauernd aus, versank, am Bach entlangstapfend, im Schnee. Die Berggipfel waren ihm, anders als am Genfer See, so nahe wie noch nie, krümmten sich ihm entgegen. Er sah das Dunkle, Rissige im Fels, das trieb ihn zurück. Mit durchnässten Schuhen und Hosenaufschlägen, an denen Schneeklumpen hingen, kam er im Hotel an, gerade rechtzeitig für den nächsten Auftritt. Die gelangweilten Gäste, die beim Tee saßen, wunderten sich darüber, dass aus seinen Schuhen Rinnsale aufs Parkett flossen.

Dann erreichte ihn ein Telegramm, das augenblicklich alles veränderte: »Jeanne letzte Nacht gestorben. Bitte komm. Albert.« Das Datum der Beisetzung stand dabei; es war in zwei Tagen. Er fuhr nicht hin. Zur Beerdigung des Vaters war er vor zehn Jahren gegangen, aber dieses Mal konnte er sich nicht überwinden. Die Schwester im offenen Sarg zu sehen, sich von einer Toten zu verabschieden, die wächserne Haut zu berühren, gar zu küssen, wie es Brauch war – allein die Vorstellung schnürte ihm den Atem ab. Jeannes Hände waren immer warm gewesen, warm und weich, seine meistens kalt, außer nach langem Geigenspiel, und sie hatte sie, schon als kleines Kind, zwischen ihre genommen und einmal, an einem frostigen Frühlingstag, sogar in ihre Achselhöhlen gesteckt, um sie aufzuwärmen. In dieser unnatürlichen Stellung hatte er sich geborgen gefühlt. Und sie hatte ihn angelacht und gefragt: »Wie ist es jetzt? Sag mir, wie es ist!«

Ach, Jeanne, redete es in ihm, wie soll ich weiterleben, wenn ich weiß, dass du tot bist? Er antwortete dem Bruder nicht, er schrieb auch nicht an Marie-Cécile, die in seiner Vorstellung erstarrt im Hintergrund stand, zu keiner Regung fähig. »Die Mutter wird uns alle überleben«, sagte er zur fensterlosen Wand. Jeannes Asche würde man in der Urne vergraben. Auch diese Vorstellung hielt er kaum aus. Ein Leichnam, der in Flammen aufgeht;

was gelebt hat, was leben wollte und nicht konnte, lodert ein letztes Mal auf, hinterlässt eine staubige graue Substanz. Woran war sie denn gestorben? Er wollte nicht nachfragen, der Mut fehlte ihm dazu. Später, als er sich doch bei Albert für sein Fernbleiben mit zwei Zeilen auf einer Karte entschuldigt hatte, erfuhr er, dass die Todesursache unklar sei. Louis schloss nicht mehr aus, dass Jeanne Tabletten geschluckt hatte. Es war vielleicht die leichteste Todesart. Oder hatte doch das Herz plötzlich ausgesetzt? Auch in ihm war manchmal eine Sehnsucht zu fallen, in tiefe Dunkelheit zu fallen. Was hielt ihn jetzt am Leben, nachdem er die Schwester verloren hatte? Die Musik war sein Halt, der Ton seiner Geige, die Hand, die zeichnen wollte und es nicht tat, die Füße, die ihn trugen, weit manchmal und doch wieder zurück in die Einsamkeit, der er nicht entrinnen wollte.

Bei den nächsten Auftritten im Hotel gab er sich der Musik hin, war nur noch anwesend in den Tönen, die seine Finger, seine Bogenhand erzeugten. Die anderen Musiker erschraken beinahe über die Intensität seines Spiels, das verwöhnte Publikum in der Hotelhalle klatschte stärker als sonst. Doch als der Pianist Louis zuzischte, er weiche zu sehr vom Notentext ab, stand Louis auf, verschwand, die Hand um den Geigenhals gekrampft, mit stampfenden Schritten aus der Halle. Es war der Tag von Jeannes Einäscherung, das wusste hier niemand außer ihm.

Danach, in den nächsten Wochen und Monaten, spielte er wieder gesittet mit, was gab es denn anderes für ihn? Manchmal fand er Zuflucht in teuren Läden, beim Kauf exklusiver Krawatten und gut geschnittener Seidenhemden, er ließ die Rechnung an Albert schicken, die Adresse hatte er im Kopf. Das ging eine Weile gut, dann bekam er Post, dass gegen ihn ein Bevormundungsverfahren eingeleitet sei. Der Bruder hatte diesen Antrag gestellt, vermutlich hatte ihn auch Elisabeth, Louis' Schwägerin, dazu gedrängt; sie ertrug Louis' Verhalten in der Familie am schlechtesten. Im Brief, den Albert ihm nun doch schickte, stand, er sehe keine andere Lösung mehr für Louis, er würde es nicht ertragen, den Bruder als Hochstapler und Betrüger im Gefängnis zu sehen. Er schloss mit Alberts Bedauern und dem Satz: »Es ist, lieber Bruder, zu deinem Besten.« Und im Hintergrund, so stellte es sich Louis vor, stand die Mutter mit durchgestrecktem Rücken und billigte das Vorhaben. Aufrecht stehen, auch bei Schmerzen, das war ihr Lebensprinzip. Ihm, dem Sohn, zugeneigt wie den Pflanzen im Garten, so hätte das Kind sich die Mutter gewünscht. Aber ihre Umarmung, wenn es an seinem

Geburtstag und an Weihnachten zu einer kam, war hart und fordernd. »Sie erdrückt uns beide«, hatte Jeanne zu ihm gesagt, als sie zwölf oder dreizehn war.

Albert trank weiterhin zu viel. »Die Zahlen laufen mir manchmal davon«, hatte er schon vor Jahren bei einer letzten Begegnung zum Bruder gesagt, und die Vorstellung, wie Zahlen durcheinandertorkelnd das Weite suchen, hatte Louis amüsiert; ihm war es mit den Zahlen schon immer so ergangen, trotz Marie-Céciles rigorosen Belehrungsversuchen.

Der europäische Krieg da draußen – man nannte ihn den großen – ging vorbei, ohne dass das eigene Land hineingezogen wurde, aber man hatte sich einschränken müssen. Tausende von wehrpflichtigen Männern hatten wochen- und monatelang an der Grenze gestanden. Louis nicht, er war schon bei der Musterung als untauglich erklärt worden. Wie hätte er denn ausgesehen, er, der magere Schlacks, in einer dieser Uniformen, deren abschreckende Farbe man »Feldgrün« nannte, mit der Mütze, die ihm in die Stirn gefallen wäre, dem umgehängten Karabiner, mit dem zu schießen er sich ohnehin geweigert hätte?

Nun kam es so weit, die Vormundschaft wurde über Louis verhängt. Der Gerichtsverhandlung in

Morges hatte er schweigend beigewohnt. Es war ja fast alles richtig, was über ihn gesagt wurde, er galt als unfähig, mit Geld umzugehen, er war versponnen, lebte am liebsten isoliert, hatte hin und wieder ungerechtfertigte Zornausbrüche. Er war nun ein Mündel, er musste dem Amtsvormund berichten, wo er sich jeweils aufhielt, und sich seinen Anordnungen fügen. Der Vormund, Chappuis, war ein behäbiger Mann, nicht unfreundlich, anders als der Bruder, der alles richtig machen wollte und seiner Neigung zum Wein doch immer stärker nachgab.

Man zahlte Louis monatlich etwas Geld aus. Was er in den Musikensembles einnahm, hätte jemand für ihn verwalten müssen, da drückte man aber ein Auge zu. Er spielte weiterhin in kleinen Orchestern, bewohnte zwischendurch weiterhin das Zimmer in Morges, als bewege sich sein Leben unaufhörlich im Kreis.

Unterwegs war er von Zeit zu Zeit mit Loulou Schmidt, einem beliebten Unterhaltungsmusiker, und dessen Ensemble. Louis fügte sich ein, wie man es von ihm erwartete, aber nirgends fasste er wirklich Fuß. Er spielte im Casino von Morges, er spielte im Rosengarten von Luzern, spielte erneut in Gstaad. Er spielte die Noten, die er bekam, die Finger der linken Hand gehorchten ihm, vollführten ihren Tanz auf den vier Saiten, endlos musste er sie stimmen, und nie waren die Quinten wirklich rein. Die Mitmusiker staunten über seinen Perfektionszwang; wenn die Instrumente für ihr Gehör richtig klangen, drehte Louis oft weiter an den Wirbeln, um sein Ideal der reinen Stimmung zu erreichen, dem er dann mit ungenauen Doppelgriffen doch nicht genügte. Seine mangelnde technische Fertigkeit konnte er nicht mehr verbessern. Beim heimlichen Zeichnen indessen machten die Finger, was er wollte, oder er ließ ihnen ihre eigenen Wege. Aber diese Seite seiner Kunst verbarg er gegen außen, sie kam ihm jetzt vor wie ein Laster, von dem niemand wissen durfte. Er konnte nicht verhindern, dass aus seinem Stricheln immer wieder nackte Frauenkörper entstanden, deren Nähe und Wärme er heftig begehrte, er blieb ja doch ein Mann, und sein Geschlecht plagte ihn oft genug in der Morgenfrühe, auch wenn er sich schon den fünfzig näherte. Die Körper zeigten sich als Folge der Auslassungen seines Stifts, es waren sozusagen Negative, die er umrahmte und zugleich im weißen Raum freiließ. Diese Werke, die er als nichtexistent betrachtete, zerriss er nach wenigen Tagen, stopfte sie in den Papierkorb, der im Hotelzimmer stand. Nein, er war kein Maler mehr, er würde nie einer sein, der diesen Namen verdiente, er war ein trauriger Violinist, zu mehr reichte seine Begabung nicht, auch wenn sie am Anfang von manchen überschätzt worden war. Wurde der Drang übermächtig, fuhr er hin und wieder nach Genf oder Thun, je nachdem, wo er gerade gastierte, suchte ein einschlägiges Lokal auf und gab sich für kurze Zeit der Lust hin, die er vom wenigen, das er verdiente, bezahlen musste. Irgendwann, sagte er sich, ist es dann mit dem Begehren vorbei. Das war kein Trost, bloß eine traurige Erkenntnis.

Loulou Schmidt wurde eine Art Freund für ihn, er war ein gewinnender Charakter, nichts Arges an ihm. Musik sollte Freude machen, nicht quälen, nicht anstrengen, das war sein Credo, und Louis glaubte das zwar nicht, redete trotzdem gern mit dem Mann, der anmutig einen Frauennamen für sich verwendete, bei Auftritten stets eine Fliege trug und im Frack seinen Embonpoint präsentierte. Was für ein Gegensatz zum ausgemergelten Violinisten Soutter! Mit Loulou konnte man spätnachts auch philosophische Gespräche führen, unter Gelächter über die Existenz eines gütigen Gottes oder teuflischer Mächte streiten, über den Sinn der fleischlichen Liebe, über den Kriegsdurst von Staatsmännern. Louis vertrat radikale Ansichten, über die er schon staunte, wenn er sie aussprach. Das Kreuz sei in dieser traurigen Gegenwart leer, sagte er einmal, doch Loulou behauptete, auch ein leeres Kreuz bleibe stehen, selbst wenn das Christentum sich bei all der Kriegstreiberei ringsum ad absurdum führe. Und da stimmte ihm Louis nach Mitternacht zu und schüttelte lange Loulous Hand.

13
Marie-Cécile

Er ist nun weg, mein Sohn Louis. Trotz der Bevormundung hielt er an seinen exzentrischen Gewohnheiten fest, machte dauernd Schulden auf unsere Kosten. So war ich einverstanden, ihn einzusperren. Was konnten wir sonst tun? Niemand in der Familie hält Louis länger aus als zwei, drei Tage, zu befremdlich, zu abstoßend ist sein Verhalten. Und Jeanne, die Letzte, die ihn noch verteidigt hat, ist seit sechs Jahren tot. Nein, seit sieben. Tot soll Louis nicht sein, er ist mein Sohn, doch ich will nichts mehr von ihm wissen, nichts mehr über ihn hören. Aus den Augen, aus dem Sinn. Ja, ich habe ihn verstoßen, diesen Sohn, ich habe ihn lebendig begraben lassen, es ist schrecklich, aber ich konnte nicht anders, er ist meine größte Wunde, nicht einmal mein Ehemann war eine größere. Ich weigere mich, Louis in diesem Bauernnest zu besuchen, ich weigere mich, ihn auch nur eine einzige Nacht hier in Morges zu beherbergen, ich weigere mich, ihm meine Aufmerksamkeit zu schenken. Worüber wollten wir denn, über solche Abgründe hinweg, miteinander reden? Es rieche übel in Ballaigues, wurde mir gesagt, sogar die Weihnachtskarte, die er mir geschickt hat, riecht übel. Nur Grüße standen darauf mit krakeliger Schrift, auch ihm fällt nicht ein, mich einzuladen, und bei der Anrede mit Maman scheint das Schluss-n abzustürzen. Jeanne hat mir einmal an den Kopf geworfen, er hasse mich. Dann sei es so. Ich selbst mag ihn nicht hassen, ich will ihn vergessen, die Erinnerungen aus mir herausreißen. Er rannte im Garten auf mich zu, als kleines Kind, stieß mich beinahe um. Ich bin nicht fähig zu dieser Art von stürmischen Zärtlichkeiten.

Louis male jetzt wieder, hat mir meine Cousine Jeanneret aus La Chaux-de-Fonds geschrieben, vielmehr: Er zeichne unaufhörlich, in Schulhefte, auf Papierbögen, das habe ihr Charles-Edouard erzählt, ihr Sohn, der sich offenbar als Architekt einen Namen macht, da nennt er sich Le Corbusier, nach dem Mädchennamen seiner Großmutter. Was Louis erschaffe, halte er, der Architekt, für bedeutend. Das soll ich glauben? Die Cousine schrieb außerdem, ich sollte doch meinen in die Einsamkeit verbannten Sohn endlich besuchen und ihn als Künstler würdigen. In die Einsamkeit verbannt? Er hat sich selbst verbannt.

Ich tappe nachts durch das Haus, wenn der Mond durch die Vorhänge scheint, taste mich an den Wänden entlang. Das Dienstmädchen schläft schon, in Romanen nennt man eine wie sie eine »treue Seele«. Beinahe achtzig ist Claire, unwesentlich älter als ich, aber sie betreut mich auf mütterliche Weise, ermuntert mich, hilft mir durch die beschwerlichen Tage. Sie nennt mich immer noch Madame, ist davon nicht abzubringen. Als ich mich gestern bei ihr wieder über das Altwerden beklagte, sagte sie: »Ach, Madame, Runzeln haben wir beide. Das gibt dem Gesicht doch Würde, oder nicht?« Sie kommt aus beengten Verhältnissen, sie hat viel gelernt bei mir und versteckt es auf listige Weise. Manchmal lächelt sie in sich hinein und bringt auch mich zum Lächeln. Da muss ich nicht sehen, dass sie beinahe zahnlos geworden ist, vielleicht weiß sie ja, dass ich mich in solchen Momenten meiner teuren Prothese schäme. Aber im Badezimmer betrachte ich doch mein Gesicht und suche, wenn es um das richtige Licht geht, den Selbstbetrug, schummrig will ich's haben, wie bei Rembrandt, ich begnüge mich mit dem schwachen Mondlicht von hinten, erkenne knapp den Schattenriss meines Kopfs, mache dann doch mit zittrigen Fingern Licht (wie scharf beobachtet man die nachlassende eigene Geschicklichkeit), ja, das ist mein Gesicht und ist es doch

nicht, man könnte die Runzeln zählen, die tief ein-
gegrabenen und die neu entstehenden. Es gibt wenig, glaube ich, das mehr Tapferkeit verlangt, als in
meinem Alter dem eigenen Gesicht standzuhalten.
Nun nützt auch das raffinierteste Make-up kaum
noch. Und wie ich diese Ruine mustere, die kahlen
Stellen an den Schläfen, trifft mich wieder mit ganzer Wucht die Einsicht, dass ich eine andere hätte
sein wollen, eine bessere Mutter vor allem, dann
könnte ich den jetzigen Zustand gelassener ertragen. Ich tappe zurück in mein Zimmer, lege mich
hin, weiß, dass ich kaum schlafen werde. Manchmal
frage ich mich nachts, wo eigentlich die Singvögel
sterben, ich sehe fast nie einen toten Vogel. Und im
Sommer war unser Garten von vielen bevölkert,
deren Singen und Zwitschern ich abends hören
konnte. Ich meine nicht die Zugvögel, ich meine
die einheimischen, Rotkehlchen, Amseln, sogar die
Spatzen meine ich. Hunderte sind es gewiss. Aber
wo sterben sie? Haben sie einen Ort, wohin sie mit
letzter Kraft fliegen? Und was geschieht danach
mit ihnen? Verwesen sie? Bleiben nur die Gerippe
übrig, Federn und Krallen? Angebissene Vögel
fand ich manchmal in unserem Garten. Unsere
Katze hatte sie getötet. Aber die meine ich nicht,
ein Vogelparadies gibt es so wenig wie eines für die
Menschen.

14
Louis

Der Bruder zigeunere herum, so nannte es Albert, die Familie könne für seine Auslagen nicht weiter aufkommen, das wenige, das er selbst verdiene, verschwende er im Nu, man müsse Louis in eine gut überwachte Anstalt einweisen. Seine exzentrischen Auslagen versetzten Albert, von seiner Frau angestachelt, immer wieder in Zorn. Es komme noch so weit, dass die Gemeinde Morges oder der Kanton Waadt die Kosten übernehmen müsse, schrieb er dem Verschwender; ob ihn das nicht beschäme? Louis änderte nichts an seiner Lebensweise und wehrte sich nicht dagegen, als die überforderte Familie einen neuen und strengeren Vormund für ihn beantragte. Der war, anders als der gemütliche Chappuis, ein steifer Mann mit roten Wangen, auf die korrekte Erfüllung seiner Pflichten legte er Wert. Einmal aber, im Gespräch mit Albert, entschlüpfte ihm der Satz, Louis sei ja wohl dem Teufel vom Karren gefallen. Er empfahl als definitiven Aufenthaltsort für sein Mündel ein Asyl, ein Altersheim im nördlichen Jura, im kleinen Dorf Ballaigues nahe der Grenze zu Frankreich, kein Gefängnis, keine Irrenanstalt, weit davon entfernt, man könne es, sagte der Vormund, als Schutzraum für einen Menschen bezeichnen, der, wie Monsieur Soutter, seine Impulse nicht genügend beherrsche, man fürchte sich ja überall vor seinen Ausfälligkeiten.

Albert machte sich nicht die Mühe, das Heim in Ballaigues vorgängig zu inspizieren, er war froh, dass es abgelegen war und offenbar in christlichem Sinn geführt wurde. Marie-Cécile billigte die Entscheidung durch einen kurzen Satz: »Daran ist er selbst schuld.« Man brauchte keine Gewalt, um Louis nach Ballaigues zu bringen. Er war zweiundfünfzigjährig, schon an der Grenze des Alters. Der Amtsvormund begleitete ihn, wie es seine Pflicht war, aber ohne Polizeischutz, das Mündel galt nicht als gefährlich. Auf der Fahrt nach Ballaigues schwiegen die beiden hauptsächlich. Es war aber nicht so, dass Louis vor sich hin brütete, er schaute aus dem Zugfenster, ließ die vorübergleitende Landschaft in sich einsinken, gab hin und wieder einen erstaunten Laut von sich beim Anblick hochgewachsener Bäume, von Pferden auf einer Weide, eines tief fliegenden Bussards. Der Vormund achtete nicht darauf, er blätterte in Akten, die er mitgenommen hatte. Louis hatte wenig Gepäck dabei, ein paar Kleidungsstücke und seine Geige im hölzernen Kasten. Das hatte ihm der Vormund zuerst ausreden wollen, die Geige sei doch kein Instrument für die Heiminsassen, die zögen Blasinstrumente oder das Akkordeon vor. Aber Louis hatte sich nicht beirren lassen und gemurmelt, vielleicht werde er den Leuten trotzdem hin und wieder etwas vorspielen. Er reiste im abgetragenen Anzug, mit Hut und Krawatte, das war ihm selbstverständlich. Sie kamen in Ballaigues bei der Post an, der Vormund fragte nach dem Heim, es lag unübersehbar am Hang. Mademoiselle la Directrice, eine kleingewachsene, streng gekleidete Dame, wurde herbeigerufen, der Vormund übergab ihr den neuen Insassen, als wäre er ein Gepäckstück.

»Das ist nun Ihr neues Zuhause«, sagte er zu Louis, bevor er ihm zum Abschied die Hand schüttelte. »Ich hoffe, dass Sie sich hier bewähren. Es ist ja nicht ausgeschlossen, dass die Vormundschaft irgendwann aufgehoben wird.«

Louis nickte, doch er glaubte nicht daran. Sie sind mich losgeworden, dachte er, das wollte ich ja. Der Dichter Ovid fiel ihm ein, der vom Kaiser Augustus ans Schwarze Meer verbannt worden war, wo er nach Jahren starb. Er dachte an Ovids

Metamorphosen, die er viele Male gelesen hatte (das zerfledderte Exemplar hatte er sich in Brüssel von einem Kollegen ausgeliehen und nie zurückgegeben). Verwandlungen, bloß als Gedanke, hatten ihn immer angezogen; dass ein Mensch zum Baum werden kann, ein Tier zum Menschen und umgekehrt, hielt er in seinen Tagträumen durchaus für möglich. »Auch ich«, sagte er halblaut zu Mademoiselle la Directrice, »werde in der Verbannung sterben.« Sie verstand ihn nicht, schaute ihn ratlos an, einer wie Soutter, elegant gekleidet, aber mit seltsamem Benehmen, war ihr bisher nicht untergekommen. Als er seinen Satz ein wenig lauter wiederholte, schüttelte sie indigniert den Kopf: »Das ist keine Verbannung, Monsieur! Sie befinden sich hier in einem seriös geführten Heim. Und wenn Sie sich in die Gemeinschaft einfügen, werden Sie von allen respektiert.« Mit zu großem Druck auf der Stimme trug sie ihm die wichtigsten Regeln des Zusammenlebens im Heim vor. Er nickte, scheinbar geduldig, und vergaß gleich wieder, was sie gesagt hatte.

Das kleine Zimmer, in das man ihn brachte, musste er mit Matthieu teilen, einem beinahe zahnlosen Insassen, der sich in den ersten Tagen vor dem Neuling fürchtete. Sie redeten anfangs kaum miteinander. Matthieu schnarchte und stöhnte nachts.

Louis stopfte sich Watte in die Ohren, die er sich von der jungen Antoinette erbat. Sie interessierte sich für den merkwürdigen Neuankömmling, versuchte, mit ihm ins Gespräch zu kommen, staunte über seinen Bildungsstand, sie selbst wollte sich als Hilfspflegerin bei ihrer Tante, der Directrice, das Geld verdienen, um später das Lehrerinnenseminar in Lausanne besuchen zu können. Sie war es auch, die sich dafür einsetzte, dass Louis' Bedürfnis, hier wieder zu zeichnen, respektiert wurde und man ihm genügend Papier für seine Kritzeleien überließ; sogar Stifte, einen Federhalter und Tusche kaufte sie für ihn.

Die gemeinsamen Mahlzeiten im Speisesaal mit seinen langen Tischen verabscheute Louis, das Gebrabbel und unverständliche Geschwätz ringsum, das laute Kauen und Schlürfen, das stoßweise Gelächter der ehemaligen Bauernknechte, das rohe Sich-Betatschen zwischen den Geschlechtern.

Matthieu, der Zimmergenosse, taute langsam auf. Er hatte zuerst protestiert, als für Louis ein länglicher Tisch ins Zimmer gestellt wurde, das nehme ihm zu viel Platz weg, beklagte er sich. Dann aber schaute er fasziniert zu, wie Louis auf der Rückseite von abgerissenen Kalenderblättern oder den leeren Seiten von Schulheften zu zeichnen begann, wie ganze Strichgewebe entstanden; er akzeptierte es, dass Louis auf seine hervorgestammelten Fragen nicht antwortete, auch nicht, wenn er ihn in den Arm kniff. Nur einmal stach er Louis mit einer Nadel in den Unterarm, nicht tief, aber gewiss schmerzhaft, da schreckte der Zeichner auf und versetzte Matthieu eine Ohrfeige, und der kleine Mann mit seinem geschrumpften Gesicht begann zu weinen und rieb sich die Augen, bis ihn Louis tröstete. Sie gewöhnten sich aneinander, Matthieu als Betrachter, Louis als Schöpfer. Und beinahe vermisste er den Zimmergenossen, wenn er einmal ein paar Stunden wegblieb und sich im Haus oder draußen herumtrieb. Über die Grenzen des von Thujahecken umwachsenen Grundstücks hinaus wagte er sich nicht, im Gegensatz zu Louis, der gegen die Vorschriften fast wöchentlich in langen Märschen die Gegend erkundete. Zur Strafe wurde ihm die Geige, auf der er ohnehin selten spielte, für eine bestimmte Frist weggenommen. Das ordnete die Directrice an, und Louis nannte sie dann spöttisch Mutter Oberin. Sie wollte ihm diesen Titel verbieten, er hielt sich nicht daran. Ihren Namen konnte er sich nicht merken; wenn man ihn in seiner Gegenwart erwähnte, vergaß er ihn gleich wieder.

Mit dem einen oder anderen Insassen ließ sich reden. Was sein Land, die Schweiz, betraf, hatte

Louis eine klare Meinung: Viel zu mutlos sei die Regierung, man müsse die Fabrikarbeiter besser entlohnen, die Reichen höher besteuern. Man nannte ihn, der nie in einer Fabrik gearbeitet hatte, einen Revoluzzer, und als Matthieu in seiner Stotterersprache herumerzählte, auf den Blättern, die Louis zeichne, gebe es nackte Weiber, da wurde aus Louis hinter vorgehaltener Hand ein Pornograph; diesen Namen, den die meisten nicht verstanden, gab ihm eine alte Frau, die ihre Brust mit weggelegten Zeitungen ausstopfte. Sie war eine der wenigen, die wie Louis die *Gazette de Lausanne* lasen, sie rühmte sich, in La Chaux-de-Fonds die Sekundarschule besucht zu haben.

Die Spottreden, die über Louis kursierten, wurden ihm von Jerôme zugetragen, dem Hinkebein, er versuchte, Louis zu provozieren, aus dem hageren Mann einen Gegner hervorzusticheln. Doch wie man ihn nannte, war Louis egal; er wollte sich dem Zeichnen widmen, ungestört wollte er sein, in Ruhe gelassen werden. Er staunte selbst darüber, wie unentrinnbar nun der Drang war, Tag für Tag ein Blatt nach dem andern vollzustricheln, und wie er darin eine Art Glück fand.

Dann aber brachte Matthieu einen anderen Insassen, einen ehemaligen Hufschmied, mit ins Zimmer und trank mit ihm billigen Fusel aus der

Flasche, obwohl den Insassen Alkohol im Zimmer verboten war. Sie wurden lauter, begannen unter Gelächter, auf Soutters Nackte schielend, obszöne Witze zu reißen. Beim dritten Besuch des lärmenden Trinkkumpans wurde es Louis zu viel. Als seine Zurechtweisungen nichts nützten, stand er von seinem Zeichnungstisch auf, packte den protestierenden Besucher am Kragen, und mit einer Kraft, die er sich gar nicht zugetraut hätte, stellte er ihn hinaus in den Gang.

Seine Beschwerden bei der Directrice nützten nichts. Solche Besuche von Zimmer zu Zimmer seien tagsüber erlaubt, fertigte sie ihn mit einem bissigen Unterton ab, jedenfalls solange nichts Unschickliches geschehe. Es zwinge ihn ja niemand, seine Zeichnerei deswegen zu unterbrechen.

Louis fand einen Zufluchtsort im Postbüro, nicht weit vom Heim; die Posthalterin, eine energische, aber einfühlsame Witwe, erlaubte ihm, während der Öffnungszeiten an einem kleinen Ecktisch hinter dem Schalter zu zeichnen, wo ihn die wenigen Kunden, die vorbeikamen, leicht übersahen. Der Mann in seiner eleganten Kleidung, der so höflich, geradezu liebenswürdig zu ihr war, beeindruckte die Posthalterin, ebenso seine gewählte Ausdrucksweise. Sie ließ es zu, dass er posteigene Tinte und Stahlfedern verwendete, sie gab ihm sogar leere

Briefbögen, die für Kunden gedacht waren und nach denen kaum je gefragt wurde, oder er brachte ein leeres Schulheft mit, das Antoinette für ihn besorgt hatte. Was er in unbeirrbarem Fleiß zeichnete, irritierte die Posthalterin, nur manchmal warf sie im Vorübergehen einen Blick darauf und zog es vor, gleich wieder wegzusehen. Sie glaubte, Nacktheit zu erkennen, das gehörte sich nicht, aber dieser Mann, Monsieur Soutter, wirkte ja in keiner Weise unverschämt, und sie ließ ihn gewähren. Außerdem rollte er die fertigen Zeichnungen zusammen und nahm sie abends mit ins Heim.

Aber jemand, wohl eine Postkundin, trug der Directrice zu, der Insasse Soutter nehme sich ungebührliche Vorrechte heraus, und Mademoiselle erschien eines Tages mit hartem Schritt und untersagte der Posthalterin, den Mann, der ihrer Aufsicht unterstellt sei, derart zu bevorzugen, offenbar bleibe er gelegentlich sogar dem Mittagessen fern. Die Posthalterin fragte zurück, wem denn Herr Soutter mit seiner Anwesenheit in ihrem Büro schade.

»Er verletzt das Reglement«, konterte die Directrice, »an das Reglement haben sich alle Insassen zu halten!«

Die beiden Frauen gerieten in einen heftigen Streit über die Einhaltung der Disziplin im Heim.

Der, um den es ging, schien gar nicht zuzuhören, er sah nicht auf, nur ein Lächeln spielte um seinen Mund, und die Directrice riss sich zusammen, um die Beherrschung nicht ganz zu verlieren. »Monsieur Soutter weiß, wann die Essenszeiten sind, und zu ihnen hat er sich obligatorisch einzufinden«, sagte sie mit scharfer Betonung und ging ohne Abschiedsgruß hinaus.

Die Posthalterin fand, es sei wohl besser, wenn Louis hier nachgebe und zu den Essenszeiten im Heim bleibe. Aber die Tür des Büros sei weiterhin offen für ihn. Er zeigte sich dankbar und wollte ihr die Zeichnung schenken, die gerade fertig geworden war, sie erkannte darauf bärtige Männer. »Es sind die Jünger Jesu«, sagte Louis, »ich nenne dieses Werk *Frieden.*« Die Männer schienen zum Glück bekleidet zu sein, die Posthalterin nahm den Bogen zögernd entgegen, bedankte sich, sie wusste, dass sie dafür bei sich keinen Platz zum Aufhängen finden würde.

Es war dann manchmal Antoinette, die den Insassen Soutter auf der Post abholte, damit die Situation nicht weiter eskalierte. Ihr folgte er ohne Murren. Dass sie, ihrer Weiterbildungskurse wegen, nur noch selten im Heim Dienst tat, bedauerte Louis, sagte es aber nicht, er ließ sie es bloß durch Sanftheit spüren. Antoinette erinnerte ihn mit ihren Schläfenlocken an Madge in ihrer ersten Zeit, in der Phase der Vernarrtheit, als er sie, statt mit ihr zu üben, dauernd an sich ziehen musste, sie kosen, ihr Gesicht, ihren Hals mit Küssen bedecken. Madge! Wie könnte er sie vergessen, auch wenn er sich vorzumachen versucht, es habe sie für ihn gar nie gegeben. Er hatte sie in ihrer ersten Zeit gezeichnet, mit engelhaftem Gesicht und geschlossenen Augen und diesen seidigen Lockenhaaren, durch die seine Finger glitten wie durch eine freundliche Schlingpflanzenwelt. Und dann kam alles anders. Sie forderte, dass er sich mannhaft durchsetze als Direktor des neu gegründeten *Department of Art*, sie forderte, dass er mit ihr, als sie in San Francisco waren, im Meer schwimme und durch die Wellen tauche. Sie führte es ihm vor, lachend, übermütig, sie bespritzte ihn mit Salzwasser, seine Augen brannten. Er schrumpfte in ihrer Gegenwart, er hatte keine Wahl, als sich zurückzuziehen, zu verstummen, wenn sie ihn als Schwächling beschimpfte. Und doch kam es vor, dass sie plötzlich von Begehren überfallen wurde, sich ihm mit kussbereitem Mund näherte, die Arme heftig um ihn schlang: Louis, zieh mich aus! Nimm mich! Mach mir ein Kind!

Aber Antoinette ist keine Wiederkehr von Madge, sie ist eine kleine Heilige, er möchte sie manchmal berühren, eine ihrer Locken um den Finger wickeln und tut es nicht. Wie soll er sich, als über Fünfzigjähriger, einer jungen Frau nähern, die seine Berührung als unschicklich zurückweisen würde? Er hält sich im Zaum, versucht, sie bloß mit schönen Worten zu gewinnen, ihr ein Lächeln zu stehlen, das ihm allein gilt. Aber Madge taucht in seinen Zeichnungen stets von neuem als furchterregendes dämonisches Weib auf, mit Zähnen, die zuzubeißen drohen, selbst wenn der Mund zu lachen scheint. Er kann nichts gegen diese Zerrbilder tun. Sie ist, so viele Jahre später, immer noch Madge und doch nicht. Ein Lichtpunkt in seinem Leben und dann ein schwarzes Verhängnis, und vielleicht war sein Kampf ohnehin nur ein Sich-Aufbäumen gegen all das Unerklärliche, das man Wirklichkeit oder vielleicht Schicksal nennt. Ist der Stolz, wie ihn der Cousin Charles-Edouard zeigt, nicht ohnehin stets gespielt? Er ist einer aus der Verwandtschaft, Architekt, er ist nahezu der Einzige, der Louis hin und wieder besucht, er erzählt gerne von seinen Bauten. Wie will man auf schwankendem Grund seiner selbst sicher sein? Darauf hat auch der Cousin keine Antwort.

15

Charles-Edouard

Bei meinem zweiten Besuch, ein Vierteljahr nach dem ersten, bat Louis mich, die Brille abzunehmen. »Damit ich genauer sehe, wer du bist«, sagte er, und ich staunte wieder, wie artikuliert er war, wenn er etwas Bestimmtes wollte, aber umgekehrt Wörter verschwimmen ließ, wenn ihm meine Fragen unangenehm wurden.

Auf unseren Gängen konnte ich, der weit Jüngere, ihm oft kaum folgen. Er war gegen Wind und Wetter abgehärtet, kam mir vor wie ein Trapper im Wilden Westen, in dem er ja lange gelebt hatte, allerdings, wohl mit Melone und Krawatte, als Direktor der Art Academy von Colorado Springs. Ich hatte zudem Mühe, seinem plötzlichen Wortschwall, der von abrupten Pausen unterbrochen wurde, zu folgen. Ich erinnere mich, mehrmals mit ihm über Bedeutung und Folgen des italienischen Faschismus gestritten zu haben. In den späten zwanziger Jahren hielt ich Mussolini für eine we-

sentliche Figur der Zeitgeschichte, für einen vor-
wärtsschauenden Führer, gerade was den Städte-
bau anging, anders als Hitler, der in vielem sein
Nachäffer war, in der Weltpolitik allerdings zu weit
mehr Macht und Einfluss kam. Louis verdammte
den Duce als widerwärtigen Prahlhans, ich staunte
über seine Heftigkeit, wusste nicht, woraus er sie
bezog. Ich dagegen lobte Mussolinis Abneigung
gegen alles Verschnörkelte, seine Liebe zur Größe,
zur klaren Linie, zu den einfachen Formen (wobei
mir erst später klarwurde, dass dies in allem Soutters Kunst widersprach).

Ich erzählte, vermutlich schon bei meinem
zweiten Besuch, dass ich Mussolini darum gebeten hatte, mein Projekt des Völkerbund-Palasts
in Genf zu unterstützen. Eine Antwort hatte ich
nicht bekommen. Ich schimpfte über die Intrigen
der Architekturelite, die meinen Entwurf als mo-
dernistisch abtat, ohne Anbindung an die Geschichte, und das war er ja, stolz und elementar
im Grundriss, ein Bote der neuen Zeit nach den
Schrecknissen des großen Kriegs. Die Intriganten
verhalfen einem Monumentalbau im alten Stil zum
Sieg im Wettbewerb, einem Monstrum, das elegant
sein wollte, aber bloß epigonal hässlich war.

Louis und ich waren debattierend irgendwo im
Grünen stehen geblieben, von Baumschatten ge-

fleckt, er beharrte darauf, dass man sich auch in der Architektur nicht von der Natur lösen dürfe, Menschen würden Wurzeln brauchen, auch das Krumme und Gewundene gehöre dazu. Ich glaube, es gab Momente, da schrien wir uns an, beruhigten uns dann wieder, lachten sogar über uns, diesen Überzeugungsfuror hätte ich meinem so oft in sich gekehrten Cousin nicht zugetraut. Ich brachte ihm mein Buch über das verschmähte Projekt mit, in dem ich meine Vision erläuterte: *Une Maison – Un Palais.* Er blätterte darin, nickte, dann bedankte er sich, sagte, er wollte das Buch illustrieren oder eher illuminieren, ähnlich wie die Buchkünstler des Mittelalters, er werde es mir zurückschenken und nach Paris schicken. Und wirklich bekam ich nach ein paar Wochen ein Buchpaket, er hatte die Seitenränder, die leeren Stellen mit seinen Zeichnungen übersät, mit wuchernden Gebilden, mit Lebendigem in verschlungenem Durcheinander, er hatte damit ein neues Werk geschaffen, das meinem ästhetischen Konzept der reinen Form heftig widersprach, denn nun stachen nicht mehr meine kurzen Sätze, meine Grundrisse ins Auge, sondern sein zeichnerischer Kommentar. Ich war entsetzt, dann belustigt; vielleicht meinte er ja – und das bestätigte er beim nächsten Besuch –, wir müssten dieses Mit- und Nebeneinander ertragen. Ich gab ihm andere Architektur-Bücher, mit denen er gleich verfuhr. Ich habe sie gesammelt, sie stehen in meinem Büchergestell, und wem ich sie zeige, reagiert auf dieses Gemeinschaftswerk, das erst nachträglich eines geworden ist, mit Konsternation, in die sich durchaus Bewunderung mischen kann.

Wir gingen oft an der Orbe entlang, er liebte den Flusslauf, blieb stehen, um dem Rauschen zuzuhören, den Vogelrufen, er schloss die Augen, sagte einmal, am liebsten möchte er die Wolken murmeln hören, er lachte dabei (das tat er nicht oft). Oder er legte sich auf eine Rasenbank, den unvermeidlichen Hut neben sich, er blinzelte in den Himmel, ich setzte mich neben ihn, und plötzlich erkundigte er sich nach meinen Reisen, ich war ja oft unterwegs, dachte erst nach langer Zeit wieder daran, ihn zu besuchen. Als ich aus Barcelona zurückkehrte, wollte er alles wissen über die Ideen von Gaudí, die ihm dann offenkundig besser gefielen als meine. Dem Katalanen, der seine Formensprache nach der Natur bildete, fühlte er sich näher als meiner Nüchternheit. Ich besuchte ihn nach meiner Rückkehr aus Südamerika, ich hatte mir Buenos Aires, Montevideo, Rio de Janeiro angesehen, Kontakte mit künftigen reichen Bauherren geknüpft. Auf der Überfahrt hatte ich die Tänzerin Josephine Baker kennengelernt und mich unsinnig in sie verliebt, sie ließ sich von mir in meiner Kabine als lasziver Akt zeichnen, das Begehren verwandelte meinen Stift, er wurde in seinen Schwingungen soutternah. Die Affäre war nach fünf Wochen zu Ende, der Trennungsschmerz peinigte mich, aber Yvonne durfte nichts davon wissen. Ich heiratete sie nach meiner Rückkehr vor vielen prominenten Zeugen, ich war ja inzwischen berühmt. Louis erzählte ich in Andeutungen davon. Die Liebe sei ungerecht und unbeirrbar, entgegnete er und schenkte mir an diesem Tag die einzige Darstellung eines Geschlechtsakts, die ich von ihm kenne, ein verschlungenes Paar in Ekstase, die er mit Madge oder vielleicht im Bordell erlebt haben musste, wie hätte er die Jahre als reisender Violinist, dieses einsame Hotelleben, sonst ausgehalten. Das Blatt habe ich noch, mit den vielen anderen, die ich nach und nach gesammelt, ihm abgekauft oder dann als Nachlass übernommen habe. Manche seiner nackten Männer greifen sich an den Penis. Oder verdecken sie ihn? Ich fragte Louis danach, er hatte, wie so oft, keine Antwort, auch nicht darauf, warum unsere Beziehung sich allmählich verfinsterte. Den Aufbruch in Deutschland nach '33 begrüßte ich, Louis sagte Unheil voraus, es liege in der Luft, und er griff sich in einer gespielten Würgebewegung an den Hals: »Durchschaust du das nicht? Die Nazis sind Mörder.« Ich belächelte ihn, von Politik verstand er, dachte ich damals, doch viel zu wenig.

16

La Directrice

Nein, leicht ist es für die Heimleiterin nicht, mit dem Insassen Louis Soutter umzugehen. Er nennt sie zum Beispiel unbeirrbar Madame, obwohl sie auf Mademoiselle besteht: Mademoiselle la Directrice, bitte sehr! Wenn sie ihn korrigiert, schaut er sie aus seinen großen, tief in den Höhlen liegenden Augen an, schüttelt leicht den Kopf, und sie weiß nicht, ob in seinen Blicken Spott, Mitleid oder etwas anderes liegt, sie merkt nur, dass ihre Stimme in die Höhe geht, schriller wird. Man muss sich in ihrer Stellung gegen so vieles verwahren, da hilft manchmal nur Schärfe oder eine Strafe. Bei ihm wirkt am stärksten, wenn man ihm seine Geige wegnimmt und sie für eine Weile wegsperrt, an einem sicheren Ort und im gepolsterten Kasten natürlich, denn das Instrument soll wertvoll sein, das hat vor acht Jahren der Amtsvormund, als er Soutter nach Ballaigues brachte, mit Nachdruck festgehalten. Nur das hat einen spürbaren erzieherischen Wert, so, wie sie es in der Pflegerinnenausbildung gelernt hat: Jede Strafe muss weh tun, sonst nützt sie nichts. Der Insasse Soutter zieht sich dann ganz in sich zurück, er verstummt, er isst fast nichts mehr und widmet sich bloß noch seinen Kritzeleien, zu anderem ist er nicht zu gebrauchen. Was er da, an seinem schwarz lackierten Tisch, alles zeichnet, wagt sie gar nicht richtig anzuschauen, zu viel Unbekleidetes ist dabei. Verbieten lässt sich das nicht, solange es privat bleibt, das hat ihr der Präsident der Stiftung schon mehrmals klargemacht.

Aber eigentlich sind seine Marotten unerträglich. Wie er sich von den anderen Bewohnern abhebt! Sobald er das Haus verlässt, hat er unabänderlich seinen Hut auf, eine Melone von undefinierbarer Farbe, er trägt einen Anzug mit Krawatte, die Hosen schlottern um seine Beine, und in diesem Aufzug sucht er immer wieder das Weite, kommt erst nach Tagen zurück. Er hat jetzt sein Zimmer für sich allein, die Herren Jeanneret und Giono haben darauf bestanden, dass er es wie ein kleines Atelier benutzen darf. Das geht gegen die Vorschriften, er hat das Zimmer in den ersten fünf Jahren mit wechselnden Insassen geteilt, seine Klagen wegen des lauten Schnarchens hat man überhört. Doch seine Unterstützer bezahlen dafür, dass die Directrice ihren Wünschen nachkommt. Außerdem soll man Soutter die Geige nicht mehr wegnehmen und ihm seine Wanderungen erlauben, er kehre ja jeweils verlässlich wieder ins Heim zurück, wo wolle er sonst hin? In den Anfangsjahren hat er am Sonntag noch zur Predigt in der Kirche gespielt, Choräle aus dem Gesangbuch, er war ja lange Violinist in bekannten Orchestern, er soll auch mit einem kleinen Ensemble in Grandhotels aufgetreten sein. Als der alte Pfarrer pensioniert wurde, wollte der neue nichts mehr von dieser Art Musik wissen, nur noch die Orgel duldete er, und beinahe hat die Directrice dann doch bei der Predigt Soutters Geige vermisst. Er will übrigens mit Monsieur Louis angeredet werden, niemand weiß, weshalb, aber diesen Wunsch erfüllt sie ihm gelegentlich, dann gönnt er ihr sogar ein Lächeln.

In diesem Heim gibt es keinen anderen wie ihn, und es sind gegen sechzig, die hier zusammenleben, fast alles ehemalige Knechte und Mägde aus der näheren Umgebung, Trunkenbolde, beschränkte Geister, die sich über Soutter lustig machen oder ihn ein wenig fürchten, weil er ausfällig werden kann und sie mit Wörtern und Wendungen beschimpft, die sie nicht verstehen, und das wirkt manchmal wie ein Bann, als ob ein Zauberer unter sie getreten wäre. Ja, so kommt er der Directrice in solchen Momenten vor, sie müssen ihn dann zu zweit, zu dritt beruhigen und ihn festhalten, mager, wie er ist. Unterernährt sei er, hat der Heimarzt aus Vallorbe, der alle drei Monate vorbeikommt, missbilligend gesagt, nur Haut und Knochen, ein wahrer Hungerkünstler, trotzdem mit erstaunlicher Kraft in den Beinen für seine Wanderungen. Ihr ist aufgefallen, dass er das Essen, wenn er ganz am Rand des langen Tisches sitzt, nur beschnuppert und stehen lässt, dabei legt man im Haus Wert darauf, dass vor allem die Suppe nahrhaft ist. Er trinkt dann einfach Wasser, lieber aus dem Brunnen draußen als aus dem Blechbecher am Tisch, und lässt sich zum Essen weder überreden noch zwingen. Antoinette, die immer noch ab und zu für erkrankte Mitarbeiter einspringt, hat beobachtet, dass er an kalten Grieben kaut, kleinen Bissen aus Schweinespeck, gekocht und angebraten, er habe auf seinen Gängen stets einen in Metzgerpapier eingeschlagenen Vorrat bei sich, der in einer seiner weiträumigen Hosentaschen stecke. Diesen Proviant beschafft er sich beim Dorfmetzger für wenig Geld, es ist ja eigentlich Abfallfleisch, und in der anderen Hosentasche klimpern immer ein paar Münzen. So hält er sich auf seinen Wanderungen über Wasser, abgesehen davon, dass er hier und dort privat unterkommt und verköstigt wird. Er kann, wenn er will, sehr beredt sein, wirkt dann gebildet, als Mann von höherem Stand.

Eigentlich interessiert sich die Directrice ja mehr für ihn als für alle anderen im Heim, das darf sie aber keinesfalls durchblicken lassen. Es gehört sich nicht, auf solche Weise parteiisch zu sein.

17
Ysaÿe

Wie wird es sein, dem Professor, dem Virtuosen, nach so langer Zeit wiederzubegegnen? Der Morgen ist noch jung und kühl. Louis geht in gleichmäßigem Tempo unter dem bedeckten Himmel. Nässe und Feuchtigkeit machen ihm nichts aus, er ist daran gewöhnt, er geht so, wie er zeichnet, etwas in ihm zeigt ihm die Richtung. Er geht durch Wälder zur Stadt, und dann will er zum See. Die Gewissheit, in welche Richtung er sich jeweils wenden muss, ist in ihm gewachsen seit seinem Weggang von Colorado Springs. Was war das auch für eine Idee, Leiter der Art Academy zu werden! Madge drängte ihn dazu mit ihrem Ehrgeiz, sie wollte einen Direktor zum Mann. Zusammengebracht hatte sie Ysaÿe, eine Zeitlang hatten Madge und Louis nacheinander Unterricht bei ihm, hinter den Mauern des Brüsseler Konservatoriums. Er hörte sie, wenn er noch draußen stand, spielen, ihr Klang war betörend, seiner verschattet, nur manchmal zu grell. Nachdem sie sich in ihrer Dachkammer zum ersten Mal geliebt hatten, er tollpatschig, unerfahren trotz des einen oder anderen Bordellbesuchs, sie anschmiegsam, lustbereit, sang sie ihm vor, was sie gerade übte, etwas von Gounod, mit heller Stimme. Aber ohne Schatten war das Helle gar nicht wirklich zu erkennen.

Ysaÿe, der große Ysaÿe nahm ihn in die Zucht, verlangte schmerzhafte Fingerübungen, aber einen ruhigen Arm. Louis träumte oft vom Maestro, er träumte, dass dieser Mann ihn, den Bogen schwingend, mit lautem Lachen verfolgte, dabei konnte er durchaus sanft sein, verführerisch sogar mit seinem belgischen Akzent. Und Louis übte in dieser Zeit wie besessen, um ihm und Madge zu gefallen, wohl auch der abwesenden Mutter. Wie viel ihm daran lag, dem Lehrer zu gefallen, immer wieder wurde ihm klar, wie weit er punkto Technik und Musikalität unter Ysaÿe stand, der die Solosonaten von Bach spielte, als entstünden sie gerade in diesem Moment. Er, der Schüler Soutter, mühte sich mit den Doppelgriffen ab, zur wirklichen Reinheit fehlte immer eine Spur.

Gehen, immer weitergehen, das ist manchmal seine Rettung, am liebsten ohne Ziel, einfach Schritt um Schritt. Doch heute weiß er, wohin er will, nach Lausanne, wo am Abend Ysaÿe spielen soll, in der

Gazette hat er's gelesen, er sei gesundheitlich an-
geschlagen, auch das weiß Louis, doch treffen will
er ihn unbedingt, es treibt ihn zum Lehrer, einem
Riesen in seiner Erinnerung, mit schwarzer Lö-
wenmähne, mit kurzfingrigen Händen, von denen
keiner denken würde, dass sie die eines Virtuosen
sind. Was will er denn bei ihm? Wie soll er die drei
Jahrzehnte überbrücken, in denen sie sich nicht
mehr sahen?

Vallorbe meidet er, die Füße schlagen wie von
selbst den Weg nach Romainmôtier ein, dorthin,
zur alten Abteikirche, zur Abbatiale, hat es ihn auf
seinen einsamen Gängen immer wieder gelockt. Das
Gras auf den Wegen ist nass, die soliden Schuhe, die
er regelmäßig wichst, lassen nur wenig Feuchtigkeit
durch, aber die Hosenaufschläge sind schon voll-
gesogen und schwer. Irgendwo wird er sie trocknen
können, vielleicht an einem Ofen in einem Bauern-
haus unterwegs, man hat ja oft Mitleid mit ihm.
Wichtig sind die Schritte, das Voran- und Weiter-
kommen, an dem ihn niemand hindert, obwohl er
bevormundet ist, eingewiesen in ein Halbgefängnis,
dem er nun ein weiteres Mal den Rücken gekehrt
hat; und dass ihm dies immer wieder gelingt, dass
ihn die Polizei nicht in Gewahrsam nimmt, das ist
sein kleiner Sieg und erzeugt in ihm ein Freiheits-
gefühl, das er auch beim Zeichnen wiederfindet, wo

dem durch das weiße Feld wandernden Stift innerhalb der Blattgrenze alles möglich ist.

Romainmôtier, endlich, das Dorf, die Kirche. Er kennt sie, die alten Mauern mit dem rötlichen Schimmer. Als er ankommt, bricht ein schwacher Sonnenschein durch die Wolken. Die Kirche ist offen, er betritt sie wie immer mit großem Staunen, gleich fühlt er sich im Halbdunkel umfangen von diesem steinernen Leib. Er setzt sich auf eine Bank, stellt das Gepäck neben sich. Die Farben der Fresken werden deutlicher, auch die Glasfenster beginnen verhalten zu leuchten. Was die Farben darstellen, will er nicht erkennen, für ihn ist das Kreuz schon lange leer, leer hat er es gezeichnet und gemalt, zur Entrüstung der Directrice. Jetzt legt er sich sogar für eine Weile der Länge nach auf eine hölzerne Bank, atmet tief ein und aus, lässt die Kälte vergehen. Seinen Durst wird er draußen an einem Brunnen oder einem Bach stillen. Was würde Ysaÿe hier spielen? Bach, natürlich Bach, nur er gehört hierher. Dem alten Lehrer sei ein Fuß amputiert worden, hat Louis gehört, das kann er nicht glauben und noch weniger, dass Ysaÿes Finger nahezu unbeweglich geworden seien.

Er möchte am liebsten bleiben, geht dann doch hinaus, mit Rucksack und Geigenkasten, die Bilderrolle in der Hand, er verbeugt sich am Ausgang zum Altar hin, eine kleine Bewegung des Oberkörpers nur. Das Wetter hat sich gebessert, man sieht blaue Flecken zwischen den Wolken, kein tiefes Blau, es verändert sich dauernd, von Lichtfeldern aufgehellt, auch wenn die Sonne verborgen bleibt. Hintergründig ist dieses Licht, das ist ihm am liebsten, klares Licht blendet bloß.

Louis geht weiter, hört nicht auf zu gehen. Die alten Stämme mag er, das Holz, das sich beim Wachsen gebogen und gekrümmt hat und doch mit allen Verästelungen wieder ausgreift ins Offene, das hält er fest beim Zeichnen, oder besser, er lässt die Linien wachsen, wohin sie wollen, er bändigt sie nicht, er lässt ihnen ihre Freiheit.

Bussigny, am Rand von Lausanne. Autos überholen ihn, er mag ihren Lärm nicht. Weit von Morges wäre er nicht mehr, die Straße gabelt sich, er könnte sich nach rechts wenden, in einer knappen Stunde bei seinem Geburtshaus in der Grand-Rue sein, aber das will er nicht, er schreckt vor dem möglichen Anblick der alten Mutter zurück, sie hat ihn, seit er in Ballaigues ist, nie besucht, und er hat ihre spärlichen Briefe nicht beantwortet.

Charles-Edouard, sein Cousin, dringt in sein Gedanken- und Erinnerungsgespinst ein. Warum denn? Weil er sich der Stadt nähert und Charles-Edouard Städteplaner und Städtebauer ist? All diese Geraden, mit dem Lineal gezogen, die dem vagabundierenden Verstand von Louis widersprechen. Das Eulenhafte des Mannes mit der runden Hornbrille, scharf seine Blicke, die dem Zeichner gelten, scharf und doch mit forschender Zuneigung. »Du bist so anders als ich«, wiederholt er stets, das lasse ihn nicht los und ziehe ihn nach Ballaigues, zu den Zeichnungen des Cousins, die sich im Zimmer zu Hunderten stapeln. Er will sie retten, er will Ausstellungen mit ihnen veranstalten, beinahe zum Lachen ist es, denn er glaubt daran, dass sich viele andere für ihn interessieren würden. Aber das ist jetzt nicht der Moment, um an Charles-Edouard zu denken. Louis will zu einem anderen, zu Ysaÿe, über die unsichtbare Brücke von dreißig Jahren will er gehen, nein, fünfunddreißig sind es, seit er Brüssel verließ, den Malunterricht bei Koëlla in Lausanne begann, ihn dann in Paris bei Benjamin Constant fortsetzte. Die Namen kann er für sich noch nennen, die Gesichter bleiben verschwommen. Beide versuchten sie, ihm den malerischen Realismus beizubringen, mit genauen Licht- und Schatteneffekten, die er gehorsam und doch immer widerwilliger nach ihren Anweisungen setzte. Die Zeitbrücke ist fragil, doch er geht darüber, und eigentlich weiß er gar nicht, weshalb es ihm so wichtig ist, den ehemaligen Lehrer zu treffen.

Die Glocken schlagen fünf, als er im Zentrum von Lausanne, auf der Place Saint-François, ankommt, erschöpft vom Menschenstrom auf den Trottoirs, den Autokolonnen, den klingelnden Radfahrern. Er schaut sich Plakatsäulen an, sucht Hinweise auf ein Konzert mit Ysaÿe, er fragt herum mit innerem Widerstreben. Ein Kioskinhaber blättert in der Zeitung vom Tag, findet endlich heraus, dass an diesem Abend, um 19 Uhr, in der *Maison du peuple* ein belgisches Kammerorchester spielt, da muss Ysaÿe als Dirigent dabei sein, das Ensemble hat ja er gegründet und kein anderer, doch Louis ist klar: Sein Ruhm ist verblasst, man braucht ihn nicht mehr als solistisches Zugpferd.

In welchem Hotel Ysaÿe wohl logiert? Um die Zeit bis zum Konzertbeginn zu überbrücken, wandert Louis hinunter nach Ouchy. Im Beau-Rivage fragt er nach, ob hier Monsieur Ysaÿe aus Brüssel ein Zimmer bezogen habe. Hier nicht, nein. Es dämmert schon auf seinem Irrgang von Hotel zu Hotel, er geht zurück in die Oberstadt, zum Carlton, zum Savoy, auch dort ist Ysaÿe nicht registriert.

Um halb sieben steht er vor dem Volkshaus, dessen Portal schon offen ist, er sieht Leute hineingehen, er rückt seine Krawatte zurecht, fragt an der Garderobe, ob er sein Gepäck hier deponieren könne, er überhört die Frage nach der Eintrittskarte, stellt unter den halb forschenden, halb amüsierten Blicken des Personals seinen Rucksack, den Geigenkasten und die Bildrolle auf die Ablage, bekommt eine Nummer, die er in die Tasche steckt. Beim Eingang zeigt er die Plakette, man lässt ihn durch, ohne Bezahlung. Er setzt sich, im harten Licht von oben, an den Rand der dritten Reihe, ignoriert wie immer die Blicke. Er hat sich am Morgen gründlich gewaschen und die Lavendelseife benutzt, die Antoinette ihm zugesteckt hat. Dann fällt ihm ein, den Hut abzunehmen und ihn auf die Knie zu legen.

Der Saal ist halbleer. Etwa dreißig Musiker gehören zum Kammerorchester, wenig Bläser, ein einziger Kontrabass. Das Stimmen der Streicher dauert lange, wohl wegen der hohen Luftfeuchtigkeit. Dann erlischt das Saallicht, der Dirigent betritt vorsichtig am Stock die Bühne. Louis erschrickt. Ist dieser hinkende alte Mann, der mühsam das Podest besteigt, wirklich Ysaÿe? Die dunklen Haare, die ihm tief in den Nacken wachsen, sind kaum noch gewellt und wahrscheinlich gefärbt, doch sie verweisen auf den Mann, der er einst war. Viel magerer ist er geworden, gebrechlich. Was das Orchester spielt, nachdem der Dirigent den Taktstock gehoben hat, nimmt Louis kaum wahr, zu sehr beschäftigt ihn Ysaÿes Anblick. Auch er selbst wird, wenn er nach langer Zeit Bekannte trifft, oft nicht mehr erkannt: Das bist du? Nicht möglich! Aber den ehemaligen Lehrer erkennt er in bestimmten Bewegungen doch wieder, in einem Zurückwerfen des Kopfes, einer ruckartigen Neigung des Oberkörpers. Was gespielt wird, erreicht Louis gar nicht. Nur eine Klarinette gellt so laut, dass er es kaum erträgt. Der Applaus ist kurz. Keine Zugabe. Ysaÿe verschwindet, nach ihm in kleinen Gruppen das Orchester, und Louis fragt sich durch zur Künstlergarderobe im Untergeschoss. Er sei von der *Gazette de Lausanne*, lügt er, und seine Erkundigung ist so dringlich, dass ihm die Aufsicht den Weg über die hintere Treppe zeigt. Gelächter und Gerede aus den größeren Räumen, zuhinterst der Umkleideraum für Dirigenten und Solisten. Louis klopft an, die Tür wird von innen geöffnet, vor ihm steht Ysaÿe, erschöpft, immer noch im Frack, er starrt den Besucher an; nach einer langen Pause flüstert er: »Du? Louis?« Er hat den Schüler immer geduzt, Louis hingegen ist beim Sie geblieben, die ganze Zeit in Brüssel. Seine Stimme ist rauh, als er antwortet: »Ja, ich bin es!«

»Mein Gott«, sagt Ysaÿe mit Mühe, »wie hast du dich verändert!« Und als Louis schweigt, fügt er mit einem halben Lachen hinzu: »Ich mich ja auch.« Er packt ihn am Arm, zieht ihn in die Garderobe, wo seine Alltagskleider über einem Stuhl liegen. Louis gehorcht; dem Professor, der hoch über ihm stand, hat er sich immer gefügt. Ysaÿe weist ihm einen der beiden Polsterstühle zu, setzt sich auf den anderen. Aus der Whiskyflasche, die auf dem Beistelltischchen steht, gießt er zwei Gläser halbvoll, sie stoßen an, trinken stumm, weichen den Blicken des anderen aus.

Dann findet Ysaÿe die Sprache wieder. »Es ist lange her, dass du verschwunden bist. Mit dieser Madge, ja? Eine schöne Frau, aber widerspenstig.« Er murmelt, scheint nachzurechnen. »Ein halbes Menschenleben ist es her.« Er seufzt. »Und du siehst ja, was aus mir geworden ist. Der Diabetes zerstört mich. Nur die Musik hält mich am Leben.« Er weist auf den klobigen rechten Schuh. »Darin steckt eine Prothese. Man hat mir den Fuß amputiert.«

Louis fährt zusammen. »Ist das wahr?«

Ysaÿe nickt. »Wobei es dir, mein Lieber, nicht viel besser zu ergehen scheint. Wieso bist du denn zum Konzert gekommen? Willst du meinem Abstieg beiwohnen?« Sein Lachen misslingt, wird zu einem halben Krächzen.

Louis versucht eine knappe Antwort: die Zeitungsnotiz, die Erinnerungen, sein Entschluss, Ysaÿe zu sehen, er verdanke ihm doch so vieles.

Der Meister scheint gerührt. Erkundigt sich, wie und wo Louis denn lebe. Der beschönigt seine Situation: Er leide auch an Krankheiten, sei in einem Pflegeheim untergebracht, dort male er sozusagen Tag und Nacht, er habe ein Bild dabei, das er Ysaÿe schenken wollte, es sei hier, in einer Kartonrolle. Woran Louis leidet, will Ysaÿe nicht wissen, die schlimmste Krankheit, die sie beide teilen würden, sei das Altwerden, das Nachlassen der Kräfte.

Als Ysaÿe sich nach Madge erkundigt, antwortet Louis, er habe in den Staaten mit ihr zusammengelebt, dann sei die Ehe zu Ende gewesen, seither habe er jeden Kontakt mit ihr verloren.

»Schade, wie schade.« Ysaÿe gießt beiden Whisky nach, auch wenn die Ärzte ihm dies verboten hätten. »Ihr, Madge und du, habt doch zusammengepasst.« Er lacht. »Gerade, weil das überhaupt nicht der Fall war. Das macht eine Ehe erst interessant. Meine jetzige Ehefrau, Jeannette, ist vierundvierzig Jahre jünger als ich, stell dir das vor!« Er lacht wieder, ungestüm jetzt, hopst auf dem Stuhl, der drohend knarrt, beinahe auf und ab. »Die Männer in meinem Alter beneiden mich.«

Louis denkt erst an Jeanne und dann an Antoinette, er sieht sie beide vor sich, schweigt.

Ysaÿe will plötzlich Eugène genannt werden, insistiert, doch Louis bringt den Namen nicht über die Lippen. Ysaÿe räuspert sich lautstark, scheint in sich hineinzuhorchen. »Gehen wir in mein Hotel«, sagt er plötzlich. »Es ist das *De la Paix*, liegt nicht weit von hier. Wenn wir uns Zeit nehmen, brauchen wir kein Taxi. Das ist eine gute Übung, um mein trauriges Hinken zu verbessern.«

Louis nickt, antwortet mit einem kaum erkennbaren Lächeln.

Ysaÿe stemmt sich in die Höhe. »Wir können reden, solange wir wollen. Über die alten Zeiten, über jene, die noch kommen und die wir fürchten, ja?«

Er vergisst, sich umzuziehen, geht, immer noch im Frack, voraus, lässt den Regenschirm in einer Ecke stehen. Louis nimmt sein Gepäck an sich, das einsam auf der Ablage der Garderobe liegt. Den Rucksack geschultert, die Kartonrolle umgehängt. Die Geige, die er an die Wand gestellt hat, vergisst er, mit halber Absicht wohl. Dem ehemaligen Lehrer will er auf keinen Fall vorspielen; er ist ja längst aus der Übung.

»Das passt alles nicht zusammen«, frotzelt Ysaÿe, der ihm zusieht. »Mit deinem Rucksack bist du nur ein halber Dandy.«

Bei früheren Konzerten, in Genf, in Lyon, daran erinnert sich Louis, hatte der Maestro stets einen Begleiter, der ihm die Blumensträuße nachtrug; vor dem Konzertsaal wartete eine Limousine mit dem Fahrer in Uniform. Einmal, in ferner Vergangenheit, durfte Louis dazusteigen, von da an galt er für eine Weile als Ysaÿes Lieblingsschüler.

18
Ysaÿe

Ein seltsames Paar, das durch die nassen Straßen von Lausanne geht; der Nebel hat sich gesenkt, schummrig das Licht der Straßenlaternen. Im höher gelegenen Ballaigues sähe man in solchen Nächten die Sterne. Louis, der nur eine Hand frei hat, versucht, den alten Lehrer zu stützen, aber als der sich an ihn lehnt, beginnt er selbst zu schwanken, während Ysaÿe alle paar Schritte stolpert. Sie rücken mit Vorsicht voneinander ab, folgen der Avenue Benjamin-Constant, die der Maestro zu kennen behauptet, sie ist unbelebt, wie eingefroren. Doch Ysaÿe hat recht, nach wenigen Minuten stehen sie vor der langgestreckten Fassade des Hotels, in der einzelne Fenster leuchten. Die Halle ist hell, die Rezeptionistin händigt Ysaÿe missmutig den Schlüssel aus, und Ysaÿe murmelt: »Ein Trinkgeld hat die Dame nicht verdient.« Sonst sei ja immer seine neue Ehefrau dabei, eine Amerikanerin, die ihm alles Lästige abnehme, dieses Mal aber nicht, sie hasse die Schweiz: »Diese Verschlossenheit, diese Knausrigkeit, so lästert sie über euch.« Im Lift, als er sich im Spiegel sieht, wird dem Maestro bewusst, dass er noch im Frack ist, und er lacht sich selbst aus, er werde sich die anderen Kleider nachschicken lassen, darum solle sich sein Agent – er habe immer noch einen – kümmern.

Das Zimmer im zweiten Stock ist geräumig, die Fenster gehen gegen den See, den man dunkel hinter den spiegelnden Scheiben ahnt. Sie setzen sich nebeneinander auf das Ledersofa, das der Fensterfront zugewandt ist und bei jeder Bewegung leise quietscht.

»Hast du ein Zimmer für die Nacht?«, fragt Ysaÿe.

Louis schüttelt den Kopf. »Ich kann auch draußen schlafen, am See. Das schadet mir nicht.«

»Bei dieser Temperatur? In diesen Kleidern? Ah ja, darum sehen sie so aus.«

Ja, der Herr Professor hatte immer Ratschläge für den mundfaulen Studenten, er wollte einen anderen aus ihm formen, einen risikobereiten Musiker in den schnellen Sätzen, doch der konnte Louis nicht sein, er blieb ein Träumer mit unvermittelten Schreckensvisionen, er war immer ein anderer als der, den die nächste Umgebung sich gewünscht hätte.

»Du bleibst hier!« Ysaÿe deutet aufs Doppelbett an der Seitenwand, über dem ein belangloses Landschaftsbild hängt. »Es sind zwei Matratzen mit zwei Federdecken. Du wirst dich sonst erkälten.«

»Ich erkälte mich nie«, entgegnet Louis mit einem trotzigen Unterton.

»Ich bezahle das Zimmer ja nicht, das übernimmt die Konzertagentur, auch wenn sie heute Abend mit mir kein gutes Geschäft gemacht hat. Was willst du trinken?« Ysaÿe steht, ohne eine Antwort abzuwarten, mühsam auf, holt vom Nachttisch eine angebrochene Flasche Rotwein, von einem Tablar zwei Gläser, stellt sie auf das Tischchen vor dem Sofa, vergisst aber das Einschenken, das ihm Louis nicht abnimmt.

»Sie haben Ihre Geige also gar nicht mehr dabei?«, fragt er.

»Wie sollte ich?« Ysaÿe streckt seine linke Hand aus, bewegt die Finger mit Mühe. »Die sind in den letzten drei Jahren praktisch unbrauchbar geworden. Dafür habe ich jetzt Zeit zum Komponieren.« Er bricht ab, bezwingt seine Rührung.

»Ich nehme meine Geige auch nur selten mit«, sagt Louis. »Und dann am liebsten, um allein im Wald zu spielen.«

Ysaÿe schaut ihn von der Seite an. »Und hören dir manchmal Rehe und Vögel zu? Du bist ein seltsamer Mensch. Schon immer gewesen. Du bist mir in deiner Versunkenheit, mit deinen abrupten Rückzügen manchmal fast unheimlich gewesen … Vielleicht bist du mir ähnlicher, als ich je dachte. Und du malst jetzt vor allem?«

Louis überlegt lange, von der Kathedrale her schlägt die Turmuhr. »Ich würde es eher Zeichnen nennen. Zeichnen und Stricheln. Jeden Tag ein neues Blatt. Und ich habe vorher keine Ahnung, was entstehen wird.«

Erstaunt blickt Ysaÿe ihn an. »Und deine Motive?«

»Ach, alles, was mich angeht, mich anspringt oder sich verbergen will.« Er zögert, aber nur kurz. »Ich habe etwas für dich mitgebracht.« Jetzt auf einmal ist ihm das Du möglich. Beim Eingang hat er die Kartonrolle schräg an die Wand gestellt, sie ist aber umgefallen, er hebt sie auf, zieht ein Blatt daraus hervor, entrollt es, legt es auf den Tisch, nachdem er die Flasche und die leeren Gläser auf den Teppich gestellt hat.

Ysaÿe beugt sich vor, traut zuerst seinen Augen nicht. Die Federzeichnung zeigt, im Licht der Deckenlampe, eine Figur mit übergroßem Kopf und überlangen, weit über die Schultern fallenden pechschwarzen Haaren. Mann oder Frau? Die Figur, umflochten, umkränzt von Liniengeflechten, hat einen Körper, der sich nach unten verjüngt, zu beinahe kindlichen Beinen, und weiter oben, im Schwarzweißgewimmel bei der Brust, lässt sich eine Geige erahnen, dazu ein fast senkrecht stehender, viel zu breiter Bogen, eher ein Strang. Am rechten Rand unten steht mit großen Buchstaben *Ysaÿe*, die beiden Punkte über dem zweiten Ypsilon sind auffällig gerundet.

Ysaÿe schaut lange ungläubig auf das Bild und dann doch mit einem Lächeln: »Das bin ich?«

Louis nickt.»Ein Geschenk für meinen Lehrer«, murmelt er.

»Mit solch schwerem Kopf? Mit einer nahezu unsichtbaren Geige? Dafür einem Haarschopf wie ein Dämon?«

Ein wenig schämt sich Louis. »Der Porträtierte sieht bloß, was er zu sehen vermag«, sagt er, beinahe flüsternd, weil ihm dieser Satz so wichtig ist. Er schiebt das Blatt ein wenig zur Seite, so dass ein Teil über den Tischrand hängt; auf den freien Platz stellt er die beiden Gläser, schenkt ungefragt Wein ein.

Ysaÿe, der den Blick nicht von seinem Porträt abwenden kann, greift nach einem Glas, nimmt einen langen ersten Schluck, ohne vorher anzustoßen. »So siehst du mich also? Nicht schlecht, muss ich sagen. Ja, ich erkenne mich in diesem Kopf, der hat schon so viel aufgenommen, wird immer größer und schwerer. Doch die Haare« – er streicht beidseits über seine Schläfen – »geben ihm Kraft, man kann sie nicht bändigen. Selbst« – da lacht es tief in ihm drin – »wenn schon viele ausgefallen sind und der ehemalige Geiger über eine Perücke nachdenkt.« Er lacht lauter, wenn auch mit traurigem Beiklang, und Louis stimmt mit ein. »Ich werde es rahmen lassen und bei mir zu Hause aufhängen, zu meiner Mahnung und Erbauung. Sofern Jeannette es duldet.« Bei diesem Namen zuckt Louis zusammen, und er weiß, warum.

Nach einer Pause, während der er das Blatt auf dem Tisch nicht aus den Augen lässt, fragt Ysaÿe: »Zeichnest du jetzt so frei, so ganz aus dir heraus? Du bist ja damals ein bemühter Realist gewesen. Und aus dem ist sozusagen ein Surrealist geworden. Verwunderlich. Und eine Entwicklung, die dich ehrt. Gut, hast du von der Geige abgelassen. Gut, dass du für die Vögel spielst und den Menschen solche Bilder schenkst.« Er streicht sich über die Augen. »Dein Talent habe ich damals erkannt. Aber es war nicht zu erkennen, wohin es dich führen würde. Jetzt weiß ich es.« Er schüttelt dem verblüfften Louis die Hand, hätte ihn vielleicht umarmt, wenn der nicht in einem Impuls zurückgewichen wäre. Sie überbrücken die Verlegenheit, indem sie anstoßen, obschon bei beiden nur noch fingerhoch Wein im Glas ist.

»Wenn wir unsere Geigen dabeihätten«, sagt Louis nach einer Weile, »könnten wir mit steifen Fingern jetzt ein Duo spielen. Ich habe meine in der Garderobe gelassen, das fällt mir jetzt ein.«

»Wozu wären wir denn noch imstande?« Ysaÿe lacht. »Du vielleicht zu mehr als ich. Aber ich werde die Guarneri ohnehin verkaufen. Die Krankenhausaufenthalte, die mein Leben verlängern sollen, sind teuer.« Er lacht lauter, bellend beinahe. »Nein, ruinös sind sie. Aber meine junge Frau, stell dir das vor, will meinen Tod aufhalten.« Er lässt Louis aus seinem Vorrat eine neue Flasche entkorken, vom gleichen, darauf besteht er, und der Schüler erfüllt den Wunsch beinahe mit Grazie, das Entkorken hat er schon in Morges als Halbwüchsiger gerne übernommen, es war, gegen den Willen der Mutter, ein kleiner Befreiungsakt, das Geräusch des herausgezogenen Korkens verheißungsvoll wie der Auftakt einer Ouvertüre, und schon das halbe Glas, das ihm die Mutter zu trinken erlaubte, versprach den künftigen Rausch.

»Deine Geigensonaten«, sagt Louis, »habe ich mir im Musikaliengeschäft angeschaut, ich hätte lange üben müssen, um sie spielen zu können.«

»Das weiß ich«, sagt Ysaÿe, »es ist Spielgelände

für die Besten unseres Fachs, aber es sind nicht bloße Virtuosenstücke, ich wünsche mir den höchsten Ausdruck bei der Interpretation. Alles, was ich sagen will, kommt von Bach her. Und doch müssen neue Wege erkundet werden.«

Louis spricht zögernd, dann immer rückhaltloser über das Asyl von Ballaigues, über die versehrten Menschen, die ihn umgeben und in sein Innerstes hineintreiben. Er wolle weg von Ballaigues, irgendwann, sein Cousin Le Corbusier – Ysaÿe kennt den Namen – werde ihm behilflich sein, etwas Neues zu finden, am liebsten in Morges, wie früher am Seeufer, eine Mansarde mit Aussicht würde ihm genügen. Dann gesteht er widerwillig, auf Ysaÿes Nachfragen hin, ein, dass er bevormundet sei, kein freier Mensch mehr, er habe in den Augen von Bruder und Mutter jahrelang Geld verschwendet.

Ysaÿe schlägt mit der Faust auf den Tisch: »Du entmündigt? Was für ein Witz. Du siehst doch die Welt klarer als all die dumpfen Philister!«

Sie lachen, sie trinken. Ysaÿe singt ein Motiv aus seiner letzten Solosonate vor, versucht, die Trillerpassage am Anfang nachzuahmen, Louis stimmt mit ein, scheint den Verlauf der Melodie vorauszuahnen. Es gebe ein Fugenmotiv, das er eingebaut habe, sagt Eugène, er singt es, und Louis versucht, das Kanonische zu erkennen; sie ertränken die

Stimmen, wie Eugène behauptet, im Wein. Er dürfe die Guarneri nicht verkaufen, fordert Louis von ihm, er sei total dagegen, und Eugène widerspricht, er brauche Geld, und sein Kern, der Wesenskern, bleibe bis zum Tod, er wolle Bach hören, wenn er sterbe, nur ihn. Louis stimmt ihm zu, Meer müsste er heißen, das habe doch Beethoven gesagt. Sie erleichtern sich abwechselnd im Bad, sogar das Plätschern bringt sie zum Lachen, auch wenn Louis die Schüssel nicht durchgehend trifft.

Um zwei Uhr morgens holt Ysaÿe seinen Agenten telefonisch aus dem Schlaf, verlangt, dass er ihm morgen früh die Alltagskleider aus der Künstlergarderobe, die er vergessen habe, ins Hotel bringe, dazu Monsieur Soutters Geige. Und als der Agent offenbar widerspricht, schreit Ysaÿe in die Sprechmuschel: »Noch bin ich Ysaÿe, merken Sie sich das!«, wirft im Zorn den Hörer auf die Gabel, so dass er wegspringt, auf den Boden fällt, dort vor sich hin summt wie ein gepeinigter Vogel, was die beiden zu noch lauterem Lachen reizt. Dann klopft jemand gebieterisch an die Tür und ruft: »Ruhe endlich, Ruhe!« Sie verstummen nun doch, sind todmüde, wie Eugène bekennt, sie gähnen, sie sinken in Kleidern und Schuhen aufs Bett, und Louis fällt in eine Art Bewusstlosigkeit, in einen echolosen Raum, in dem dann doch gespenstische Figuren auftauchen, die er nicht verscheuchen kann, die Mutter als Kleopatra, Madge als Krallenwesen. Er schreckt auf, weiß erst nicht, wo er ist, auf einer ungewohnt weichen Matratze jedenfalls, neben ihm, da fällt es ihm ein, leise schnarchend der alte Lehrer Ysaÿe. Es ist heller geworden in der Suite, die Fensterfront füllt sich allmählich mit Licht. Louis steht auf, mit schwerem Kopf und schweren Gliedern, zieht sich Hose und Hemd zurecht, glättet Falten, den Veston hat er ausgezogen und auf den Boden geworfen, dort sieht er aus wie ein verkrümmtes Wesen. Louis lässt ihn liegen, schiebt die durchsichtigen Vorhänge zur Seite und sieht vor sich den See im Morgengrauen, eine Fläche wie aus gegossenem Blei, silbern überhaucht, und gegenüber, ihn begrenzend, die Savoyer Berge, in deren Gipfeln es zu glimmen beginnt, kein Feuer, nein, bloß der erste Weckruf der aufgehenden Sonne, doch dann von Minute zu Minute überwältigender eine Orgie von Licht, die den ganzen Himmel ergreift, die Wolken in beleuchtete Skulpturen verwandelt, fremdartige Wesen sind es, die heranschwimmen, furchtsam und Furcht verbreitend, so hat Louis sie schon als Junge gesehen, wenn er auch damals am Fenster stand und nicht wusste, wer er war. Er weiß es ja noch immer nicht, jedes seiner Bilder fragt danach. Er öffnet so leise wie möglich die Balkontür, der Boden ist übersät von herangewehten Birkenblättern. Er tritt hinaus in die Morgenfrische, in den leichten, kühlen Wind, der die Blätter am Boden zittern lässt und seine Haare streift. Diese Weite, dort, wo die Häusermasse aufhört. Wenn er Flügel hätte, würde er sie ausbreiten, ins Unbekannte schweben, bis zum Atlantik vielleicht, wo es die höchsten Wellen geben soll, auch ein Bussard oder ein Rabe könnte er sein, der im ersten Sonnenlicht schwarz aufleuchtet. Das schwarze Leuchten möchte er malen, das, was es nicht gibt.

Ein Geräusch hinter ihm, ein Atmen in seinem Nacken lässt ihn sich umdrehen, da steht Ysaÿe im offenen Morgenmantel, mit rotgeränderten Augen, abstehenden Haaren, die er zu glätten versucht und die, wie Louis im Tageslicht nun sieht, an der Wurzel weiß sind.

Matt grüßt er den Gast: »Da war ja was los mit uns. Wir haben in den Kleidern geschlafen wie Landstreicher. Unglaublich.« Er stützt sich am Türrahmen ab. »Aber du bist ja ganz munter, Soutter. Soll ich uns einen starken Kaffee bestellen, frische Brötchen?«

Louis nickt, er saugt die Luft durch die Nase. Hier drin riecht es tatsächlich nicht gut, das liegt auch an ihm und seinen feuchten Kleidern. Er greift nach der Krawatte, die er immer noch umgebunden hat. »Ich wasche mich vorher. Wenn man schon die Gelegenheit dazu hat.«

Ysaÿe macht ihm Platz. Auf dem Sofa liegt die Zeichnung, die ihm Soutter geschenkt hat. Der Geiger wirkt kleiner im Tageslicht, weniger kraftvoll, Louis müsste ihn neu und besser zeichnen. Ein gut ausgestattetes Bad hat er schon lange nicht mehr benutzen können, und jetzt seift er sich von Kopf bis Fuß ein, sieht sich im Spiegel nach langer Zeit wieder nackt. Wie mager er ist, man kann in der Tat die Rippen zählen. Er frottiert sich mit weichen Tüchern, wagt es, den zweiten Morgenmantel, der an der Türe hängt, anzuziehen. Als er wieder das Zimmer betritt, steht auf dem Sofatisch ein Tablett mit Kaffee, und er setzt sich beinahe feierlich zu Ysaÿe, der, eine Tasse in der Hand, bedrückt scheint, abwesend, den zweiten Schuh hat er ausgezogen, der Fuß ist eine hässliche Prothese. Auch Louis' Geige ist, wie durch Zauberhand, wieder da.

Louis bedankt sich und wehrt sich nicht gegen das Geld, das ihm Ysaÿe in die Hand drückt, damit er mit dem Zug nach Vallorbe fahren kann und von dort im Postauto weiter nach Ballaigues. Er isst etwas, dann zieht er sich so sorgfältig an, als habe er neue Kleider ausgewählt, bindet sich mit Akribie die zerknitterte Krawatte neu. Er hofft, dass Antoinette wieder einmal im Heim vorbeikommt, er wird sie fragen, ob sie das eine oder andere für ihn wäscht und bügelt.

»Wie willst du weiterleben?«, fragt ihn Ysaÿe, bevor er ihm die Hand zum Abschied gibt.

Louis zuckt die Achseln. »Man lebt so, wie es eben geht. Ich werde weiterzeichnen, jeden Tag.«

Als die Tür schon offen ist, sieht er Tränen in Ysaÿes Augen.

Louis' Stimme ist fast lautlos: »Ich glaube, Eugène, wir werden uns nicht mehr sehen.«

»Wer weiß, vielleicht doch. Alles Gute, Louis.«

So geht er weg vom großen Ysaÿe, macht sich auf den Weg zurück nach Ballaigues, wo er hingehört, obwohl er doch immer wieder anderswo sein möchte. Louis ahnt, dass er dem Lehrer, als Künstler, ebenbürtig geworden ist. Nein, er weiß es und zweifelt doch daran, die Finger gehorchen ihm ja nur, wenn sie beim Zeichnen ihre eigenen Wege auf der weißen Fläche suchen, die vorgeschriebenen auf den Geigensaiten findet er kaum noch.

Es ist ungewohnt für ihn, ein Billett am Bahnschalter zu kaufen, ungewohnt, in einer Schlange anzustehen. Er merkt, dass ihm vieles entglitten ist, was ihm früher, als er mit dem kleinen Kurorchester herumreiste, vertraut war, sogar das Geldzählen fällt ihm schwer; der Schalterbeamte ist aber freundlich und nimmt es ihm ab. Er hält mich, denkt Louis, für einen Behinderten, einen Zurück-gebliebenen, und das bin ich ja in solchen Dingen.

Jemand zeigt ihm, wo er einsteigen soll. Zum Glück findet er ein leeres Abteil. Es geht ihm zu schnell, er ist an sein Schrittmaß gewöhnt, nicht mehr ans Vorbeifliegen von Landschaft und Dör-fern. Er schließt die Augen, überlässt sich dem Rat-tern, den Gewichtsverlagerungen in den Kurven.

In Vallorbe wartet das Postauto. Schon Jahre ist er nicht mehr in einem gefahren, er steigt ein, das Geld, das ihm Ysaÿe gegeben hat, reicht ja dafür. Im Sitzen nimmt er den Rucksack auf die Knie, den Geigenkasten neben sich, die Kartonrolle hat er im Hotel gelassen. Ysaÿe gilt wohl immer noch als reicher Mann. Und was ist Louis? Manchmal kommt er sich vor wie einer, der sich durchs Leben schmuggelt. Das macht ihn verlegen. Wie hat er seine Mutter und lange genug die Schwester be-neidet um ihre Sicherheit! Aber auch mit Jeanne ging es bergab. Man schaut ihn seltsam an im Post-auto, wo er weit hinten sitzt, man weiß wohl, dass er, der Mann mit der unpassenden Kleidung und dem Hut, aus dem Altersheim für die Bedürftigen kommt.

Bei der Post in Ballaigues steigt er aus, jemand hat ihn am Arm gerüttelt. Die Straße zurück, den

Treppenweg mit der Spitzkehre hinauf zum Eingang des Heims. Zu Hause ist er hier nicht, aber bei sich. Antoinette ist wieder einmal da, zum Glück, und sie führt ihn auf sein Zimmer.

19
Giono

Ein anderer besuchte ihn, der ihm fremd war, Giono hieß er, Jean Giono, ein Schriftsteller, kein unbekannter offenbar, aber Louis hatte nie von ihm gehört. Er sei, sagte Giono, wegen Soutters Zeichnungen gekommen, aus Vallorbe, wo er gerade Verwandte besuche. Dass Soutter ununterbrochen zeichne, Seltsames oft, das wisse man weit herum. Zögernd, dann immer williger, da ihn das Lob des jungen Mannes ermutigte, zeigte Louis ihm ein paar Blätter, einfach jene, die zuoberst auf dem Stapel lagen. Aber Giono ließ es damit nicht bewenden, er wollte drei Zeichnungen kaufen, die ihm besonders gefielen. Das glaubte Louis erst nicht, aber Giono blieb hartnäckig, fragte nach dem Preis, und Louis zuckte die Achseln, sein Cousin Charles-Edouard plane eine Ausstellung und wolle Bilder verkaufen, er werde ihm später auszahlen, was er eingenommen habe. Giono bot ihm fünfzig Franken pro Blatt, das Geld habe er nicht bei sich, aber er werde wiederkommen. »Was beeinflusst Sie am stärksten?«, wollte er wissen. »Die Natur da draußen, die Sie so oft durchstreifen? Die Menschen ringsum, die Sie bedrängen? Die Träume, aus denen Sie nachts erwachen?« Klare Antworten darauf hatte Soutter nicht.

Giono verabschiedete sich freundschaftlich und kam nach ein paar Tagen wieder. Er bestand darauf, im großen Speisesaal mit Louis ein Glas Wein zu trinken, die Flasche hatte er mitgebracht. An den umliegenden Tischen gab es Gruppen von lärmenden Kartenspielern, andere, die allein vor sich hin brüteten. Sie verstummten, als Louis mit dem gutgekleideten Fremden den Saal betrat und dieser ein paar leicht gewellte Zeichnungsblätter, die er mitgenommen hatte, vor sich hinlegte. An einigen Tischen starrte man hinüber zu Louis und dem Fremden.

»Die sollen ruhig sehen, was Ihre Kunst wert ist«, sagte Giono, nahm aus seiner Börse mehrere Geldscheine, legte sie, für alle sichtbar, auf den Tisch, von dem er vorher die Brosamen weggewischt hatte, dann griff er nach den Zeichnungen und rollte sie zusammen.

Louis begriff, dass Giono dies als Demonstration geplant hatte, damit die Insassen einen der ihren endlich im richtigen Licht sahen. Nach kurzer Zeit begann das Stimmengewirr ringsum wieder, es war erregt, aber weniger laut als vorher, der Spott hatte sich verflüchtigt. Louis wusste nicht, ob er Giono dankbar sein sollte oder nicht, er war überzeugt, dass die Wirkung nicht lange anhalten würde. Aber er täuschte sich, seit dieser öffentlichen Geldübergabe kam keiner mehr auf die Idee, die Zeichnungen zum Anfeuern zu verwenden.

Giono blieb drei Wochen bei seinen Verwandten in Vallorbe, jeden zweiten Tag kam er nach Ballaigues und lud Louis zu einem Spaziergang ein. Sie wählten die Routen am Fluss entlang, die Louis auch schon mit Charles-Edouard gegangen war. Jean, wie er nun genannt werden wollte, erzählte, dass er im großen Krieg, der schon zwölf Jahre zurücklag, auf der Seite der Franzosen gekämpft habe. »All das Entsetzliche, das ich sah«, sagte er, »hat mich zum Pazifisten gemacht.« Das beschreibe er auch in seinen Büchern, er werde deswegen in Frankreich von vielen verlacht und verfolgt, die einen weiteren Krieg wollten und vor allem einen Sieg über den Erzfeind Deutschland. »Lachhaft ist das, lachhaft!« Damit schleuderte er einen Stein in die Orbe, dass das Wasser hoch aufspritzte. Er übersetze nun den großartigen Roman eines Amerikaners vom Englischen ins Französische, *Moby Dick* von Herman Melville, das sei momentan seine Hauptbeschäftigung, dafür bekomme er vom Verlag ein stolzes Honorar. Louis fragte nach dem Inhalt. Jean redete sich in Feuer, seine Schritte stockten. »Es geht um die Jagd nach einem weißen Wal. Der Kapitän des Walfangschiffs, Ahab, ist besessen davon, diesen Wal zu töten. Er wird alles dafür opfern, zuletzt sein Leben.«

»Das gefällt dir?«, fragte Louis.

»Es reißt mich mit«, entgegnete Jean beinahe fiebrig. »Es lässt mich nicht los, es steckt in mir wie die Harpune im Walfleisch.«

»Aber«, wendete Louis ein, »ist das denn nicht auch eine Geschichte von Gewalt und Mordlust wie im Krieg, den du doch verabscheust?«

Jean warf die Hände in die Luft. »Nein, das ist kein Massenmord, das ist ein Duell, eine Auseinandersetzung zwischen gleich starken Gegnern. Mit solchen Kräften muss sich der Mensch als Individuum messen, Auge um Auge. Das ist etwas völlig anderes, als Granaten abzufeuern oder Bomben auf Unschuldigen abzuwerfen.«

Louis war nicht überzeugt, widersprach aber nicht; Jeans Heftigkeit gefiel ihm, darin erkannte er ein wenig von seiner eigenen Vorliebe, das scheinbar Gültige in Frage zu stellen. Ein Pazifist war letztlich auch er, aber keiner, der die weiße Fahne vor sich hertrug.

»Die Friedlichen, die Waffenlosen sollten überleben«, sagte er zu Giono. »Und die Harpune ist doch auch eine Waffe.«

»Keine Mordwaffe, die Hunderte tötet«, brauste Jean auf.

Aber dann verstummten sie und redeten nach ein paar hundert Schritten über die leuchtend gelben Sumpfdotterblumen am Ufer, über die Schäfchenwolken am Junihimmel, die hintereinander her zu torkeln schienen.

Louis fühlte sich belebt, wie er es nicht mehr gekannt hatte seit den langen Diskussionen mit Charles-Edouard, der kaum noch kam. Giono erreichte bei der Directrice, dass Louis sein Zimmer allein bewohnen und benutzen konnte. Der Wert, den der Besucher Soutters Kunst beimaß, hatte auch sie beeindruckt. Und für Louis war es wie ein kleines Wunder, dass ihm kein Zimmergenosse mehr die Luft zum Atmen nahm. Er zeigte sich dem neuen Freund gegenüber dankbar und gerührt, schenkte ihm ein paar Zeichnungen, die er mit Sorgfalt ausgewählt hatte. Dann blieb Giono plötzlich weg, ohne sich wirklich verabschiedet zu haben, er schrieb auch nicht, obwohl er es versprochen hatte. Und Louis? Was sollte er schreiben? War es klug zu bekennen, dass er jemanden vermisste? Und wie war es mit Antoinette? Sie hatte die Lehrerinnenausbildung begonnen und kam nur noch alle paar Wochen vorbei, auch ihre vielen Entschuldigungen kaschierten nicht, dass sich ihre Interessen verändert hatten, sie in einem neuen Leben heimisch zu werden begann. Einsam hatte sich Louis oft schon als Kind gefühlt. Nun griff die Vereinsamung nach ihm, als wolle sie ihn erstarren lassen.

20

Louis

Die Schmerzen in den Händen, den immer krummeren Fingern nahmen zu, er verlor die Beweglichkeit, einen Stift, einen Pinsel zu halten und zu führen, wie er es wollte. Das Ziegenfett, das ihm der Dorfkrämer besorgt hatte, nützte nichts, es roch bloß übel, und sein stumpfes Gelb erinnerte an noch Übleres. Er saß an diesem Herbsttag 1937 am Zeichentisch, vor sich einen leeren Bogen. An der Wand aufgeschichtet, neben dem Geigenkasten, die Zeichnungen der letzten Monate. Im Schrank, den er endlich bekommen hatte, gab es noch weit mehr davon. Giono hatte sie Werke genannt, Louis Soutters Werke. Als Antoinette wieder einmal ein Wochenende bei der Tante in Ballaigues verbrachte, half sie ihm, die Blätter zusammenzuschnüren, hundert jeweils in einem Bündel. Sie behauptete, es seien mindestens zweitausend. Das wollte er nicht glauben.

Eine schwache Sonne zeigte sich ab und zu

draußen hinter rasch treibendem Gewölk und zwischen Apfelbaumzweigen, die schon ihr Laub verloren hatten. Die weiße Papierfläche auf dem schwarz verfärbten Tisch, der kaum noch eine Maserung erahnen ließ, lag vor ihm. Überall Spuren von Tinte und Tusche. Er hatte es schon einmal versucht, es war ihm halb misslungen, nun tat er es wieder. Er tauchte seinen Zeigefinger ins Tuschfässchen, schüttelte ihn leicht, um ihn abtropfen zu lassen, dann zog er mit ihm eine Linie übers Blatt vor sich, eine zweite, ließ eine gehende Figur entstehen; so folgten der ganze Arm mit Hand und Fingern weit besser seinen Absichten, als er es mit einem Stift oder einem Pinsel vermochte, und die Schmerzen, die ihn vorher bis zum Ellbogen gequält hatten, waren weit geringer, er konnte sie sogar vergessen. Diesen Tag hätte er in einem Kalender rot markieren müssen, er war der Beginn einer neuen Schaffensphase. Was er nun, in fiebriger Konzentration, Tag für Tag erschuf, waren Menschen, Nackte, erkennbar an ihren Silhouetten als Mann oder Frau, manchmal mit klaren, oft mit verwischten Konturen, keine Kinder, kaum Tiere, aber Menschen in Bewegung, mit überlangen Armen und Händen, deren Finger sich spreizten, mit aufgerissenen Mündern, mit fliegenden Haaren. Tanzten sie? Verfolgten sie einander, begehrend oder im Zorn? Was suchten sie? Wohin gingen sie? Sie rannten oder schleppten sich dahin. Manche vor das Kreuz, an dem einer hing oder keiner. Sie streckten flehend die Arme hoch. Sie beugten sich, sie fielen hin, sie krochen, sie hüpften. Er war in ihnen, sie waren in ihm. Mit den Fingerkuppen tupfte er Muster in die weiße Fläche zwischen den Figuren, Ornamente, die das Auseinanderstrebende verbanden, der Leere widerstanden. Nur sparsam setzte er Farben ein, er hatte Rot und Gelb in Töpfchen angerührt, malte hier und dort eine rote Sonne, ein Gestirn mitten in eine Figurengruppe, sie konnte aber auch schwarz bleiben. Und wenn er manchmal dachte, was hier entstehe, sei ein endloser Totentanz, war es zugleich eine Feier des Lebens, der Lebensgier, denn gegen das Sterben rebellierte alles in ihm. Er gab den Bildern Titel, die er mühsam mit der Feder schrieb, das ging gerade noch, er verlangte es von sich. Auch wenn ihm die Titel abseitig schienen, schrieb er sie hin, in eine Ecke des Blatts unten oder oben, auf der Rückseite: *Echos der Verzweiflung; Luzifer; Geburt im Mondschein; Wir werden auf den Wegen umkommen; Von Heiligen verstümmelt; Sonne der Angst; Drei hölzerne Wesen, leblos; Kampf mit dem Dämon.*

Die Hilfskräfte des Heims, die sein Zimmer betraten, schreckten zurück vor diesen Gestalten.

Es seien ja Ausgeburten der Hölle, hatte die Directrice ausgerufen, die sehen wollte, wie es dem Probleminsassen Soutter ging, sie versteifte sich beim Anblick der Schattenfiguren und zog sich so rasch wie möglich zurück. Gegenüber den Untergebenen zwang sie sich zu einer kühlen Reaktion – die Strichzeichnungen seien ihr dann doch noch lieber gewesen als diese seltsame Fingermalerei, bei Kindern würde man von Schmierereien sprechen. Dass diese Blätter noch irgendeinen Wert hätten, glaube sie kaum, aber sie hatte nicht vergessen, dass es Leute gab, die Louis frühere Zeichnungen abgekauft hatten. »Man muss ihn gewähren lassen«, sagte sie am Mittagstisch zu einigen Angestellten. »Soutter schadet ja niemandem damit. Außer«, da sog sie scharf den Atem ein, »dass er eine Menge Tinte und Papier verbraucht. Aber das zahlt inzwischen die Gemeinde Morges.«

Louis achtete nicht auf solche Reaktionen, er wollte bloß in Ruhe gelassen werden, es war ihm egal, dass es ihm nicht mehr gelang, seine Finger sauber zu schrubben, sie blieben geschwärzt bis zu den Wurzeln.

21

Marie-Cécile

Nun hat sich auch Albert in der Trinkerheilanstalt endgültig von der Welt verabschiedet. Ich überlebe meine Kinder. Jeanne ist vor fünfzehn Jahren gegangen, jetzt Albert, und Louis ist lebendig begraben im Altersheim von Ballaigues. Wer hat mich dazu verdammt, diesen Verlust ertragen zu müssen? Ein ferner Gott, an den ich nicht glaube? Wenn man über achtzig ist und in Einsamkeit schrumpft, müsste man gehen können, ins Dunkle, ins Unbekannte. Auch die Musik in mir, das Einzige, was mir wirklich Halt gab, ist immer leiser geworden, von mir weggestorben, die Finger gehorchen mir nicht mehr, stolpern schwerfällig über die Tasten, viel zu viele falsche Töne. Denken kann ich noch, meist zusammenhängend, zum Glück oder zu meinem Unglück.

Wann ist Claire gestorben? Vor einem halben Jahr, glaube ich. Wie lange war sie bei mir im Haus? Das weiß ich nicht mehr, zu lange wohl. Sie hatte keine Kinder, sie hat mich zu ihrem gemacht. Ohne sie komme ich schlecht zurecht, sie hat mich beim Gehen gestützt, mir das Fleisch vorgeschnitten, mir die Suppe eingelöffelt. Ich verschmiere zu viel, lasse die Dinge fallen, Tassen, Vasen, gerahmte Fotografien, die ich von der Wand abhänge. An die Körperhygiene will ich gar nicht denken. Nun erscheint jeden dritten Tag eine neue Haushaltshilfe bei mir. Jacqueline, Yvonne, Alice. Oder sind es andere Namen? Sie kehren die Scherben zusammen, noch machen sie, was ich ihnen befehle. Das Gedächtnis wird zum Löchersieb, hat meine Mutter gejammert, da war sie jünger als ich heute, manchmal höre ich noch ihr heiseres Altweiberlachen.

Wie dunkel es um einen werden kann, wie mühsam das Leben, das noch in einem ist. Meist bin ich jetzt ans Bett gefesselt oder sitze tagsüber im Sessel am Fenster und sehe doch beinahe nichts. - Schatten, die sich da draußen bewegen, es sind wohl die Schatten von Baumkronen, Schatten von Menschen sind es nicht. Die Farben sind mir vergangen, sie waren ohnehin nie erinnerungswürdig, aber die Töne waren es, bei Bach habe ich Ruhe gefunden, die Präludien singen sich durch meinen Kopf, und oft denke ich nachts, dass es Louis gleich ergehen mag wie mir. Er lebt noch, verschwiegen und abseits von allem. Er lebt, er atmet. Und er begebe sich, hat mir die Cousine Jeanneret geschrieben, ab und zu auf lange Wanderungen, er ist dabei allein mit sich, so wie ich, er ist allein, Louis, den ich nie »mein Louis« genannt habe.

Die Cousine Jeanneret hat mir Bilder von Louis beschrieben, auf denen sich Nackte aneinanderklammern. Das will ich nicht sehen. Selbst mein Mann hat mich nie nackt gesehen, meine Brüste sind zu spitz, um die Hüften war ich schon früh zu füllig. Keine Schönheit, hochgeschlossene Blusen können manches verbergen. Jeanne hat bei Konzerten die nackten Schultern gezeigt, den tiefen Ausschnitt, ich war nicht so, die Kinder wurden ohne große Lust gezeugt, ich habe es erduldet.

Endlich friedlich schlafen, es wäre das größte Geschenk. Louis ist der Einzige der Familie, der mich überleben wird. Dass ich ihn nicht wirklich zu lieben vermochte, ist meine Schuld. Ich werde sterben an meiner Schwachheit, von der so viele meinten, es sei Stärke. Louis hat mich durchschaut, das verzeihe ich ihm nicht.

22

Charles-Edouard

Meine Besuche wurden seltener. Louis beklagte sich nicht, er hatte als Beschützer eine Zeitlang Jean Giono, den französischen Schriftsteller, und eine vermögende Madame Walter, die ihn gelegentlich zu sich einlud. Ich selbst hatte inzwischen die französische Staatsbürgerschaft angenommen. Aber ich versuchte dennoch, für den Künstler Louis Soutter zu werben. Bei Kunsthändlern in Übersee, auch in Europa, ich hatte immer ein paar zusammengerollte Blätter mit Louis' Zeichnungen in meinem Gepäck. Es gelang mir sogar, eine kleine Ausstellung in den USA zu organisieren, einige Zeichnungen wurden tatsächlich verkauft, auch ein vollgezeichnetes Heft aus seiner ersten Zeit im Heim. Das Geld zahlte ich ihm aus, ohne Abzüge, ich verdiente selber genug. Zunehmend klagte Louis über seine arthritischen Finger, die er nur noch schlecht biegen könne, der Schmerz werde größer, dagegen helfe keine Salbe.

Und so fing er an, mit den Fingern zu malen. Er tauchte sie in Tusche oder Tinte, die Finger blieben schwarz. Und die Figuren, die er nun in einem fort malte, waren grotesk in ihren verzerrten Proportionen, mir gefielen sie nicht, sie erinnerten mich an Schwankende, an schlechte, übereinanderstolpernde Tänzer, Silhouetten waren es, die ihren Ausdruck nur in der Körperhaltung fanden. Er gehe damit unter sein Niveau, sagte ich, schärfer, als ich wollte, er verliere den Sinn für Komplexität, so einfältig, so großflächig, nein, so grob würden Kinder malen. Diese Werke erinnerten mich zugleich an Skulpturen aus Afrika, wobei Louis zu dieser Kunst, die manche hochschätzen, überhaupt keinen Bezug zu haben schien. Mit Verwunderung hörte ich, dass seine Bilder während der Kunstausbildung in Genf und Paris ganz anders gewesen seien, realistisch ausgearbeitet, das konnte ich kaum glauben. Louis schien sich nicht daran zu erinnern, vieles aus seiner Vergangenheit war in ihm erloschen. Aber dort solle er doch anknüpfen, empfahl ich ihm in aller Freundschaft, vor dort aus könne er in die Abstraktion gehen. Er lachte mich aus: »Meinst du, ich könne meinen Fingern befehlen, was sie sollen?«

Er selbst war zum Harlekin geworden mit seinem mageren Oberkörper, dem sehnigen Hals, gebeugt am Pult, den übers Blatt kreisenden Händen und Fingern, tief atmete er dabei, oft sogar mit einer Art Röcheln, das mich abstieß. Er gab das Bild eines Geisteskranken ab, es schmerzte mich, ihn so zu sehen.

Ich wollte etwas einwenden. Er schnitt mir das Wort ab: »Jetzt willst also auch du mich an die Kandare nehmen. Lass mich erschaffen, was ich kann, lieber Charles-Edouard, lass mich erschaffen, was in mir geschieht.«

Seinen aufflackernden Zorn nahm ich sehr wohl wahr. Aber ich insistierte und zweifelte an der Verkäuflichkeit seiner Schattenrisse. Da schnellte er plötzlich vom Stuhl hoch, fegte die Blätter, die auf dem Tisch lagen, zu Boden. Aufrecht, in gespannter Haltung stand er eine Weile da, fixierte mich. »Sag doch, dass dich diese Bilder beunruhigen. Sag es doch! Und wenn sie niemand beachten und niemand kaufen will, dann mache ich trotzdem weiter, wie ich muss.«

Ich war beschämt und doch nicht, kauerte nieder und sammelte die heruntergefallenen Blätter zusammen, legte sie, mit Absicht unordentlich, aufs Pult zurück, sein Chaos wollte ich ihm nicht ordnen. Wir versöhnten uns halbherzig, er setzte sich wieder, malte mit geschwärzten Fingern weiter an seinen Figuren. Dass er die Finger jemals wieder sauber kriegen würde, konnte ich mir nicht vorstellen.

Hitler war in Deutschland nun seit vier Jahren an der Macht, er hatte – und das faszinierte mich – das Land in kürzester Zeit verwandelt, die Fahnenmeere, der Jubel, der ihm überall entgegendröhnte, zeugten von seiner immensen Gefolgschaft im Dritten Reich. Seine Reden in diesem abgehackten Lautsprecherton waren abstoßend, ohne Zweifel, und er sperrte zu viele Regimefeinde ein, ähnlich wie Mussolini, der ihm am Anfang ein Vorbild war, bis er ihn mit seinen Erfolgen übertraf. Aber die Pläne für seine Kolossalbauten, die er bei Speer in Auftrag gab, hätte ich selber gerne gezeichnet. Der Führer und der Duce standen für den neuen Menschen, ihm widmete ich meine Bauten. Der neue Mensch braucht Licht, innere und äußere Ordnung. Das versuchte ich Louis zu erklären und brachte ihn damit in Hitze. Ob ich denn nicht merke, dass dies alles auf einen großen Krieg hinauslaufe, auf Blut und Leid? Ich sah damals, im Frühjahr 1937, keine Anzeichen dafür. Kriegsgerassel ja, das gehörte unter den großen Staaten stets dazu, so verhielt sich auch Großbritannien, keiner schien mir so demagogisch wie der ehemalige Marineminister Churchill. Das Machtgehabe der Nazis sei ihm tief zuwider, sagte mein Cousin, der wie immer, wenn ihn die Emotionen übermannten, vom Stuhl aufgesprungen war. Es seien Kriegstreiber, die dem Abgrund zusteuerten, er wusste aus der *Gazette de Lausanne*, die er häufig las, erstaunlich viel über die deutsche Aufrüstung. Der Marschtritt von Tausenden, das war für ihn die Einübung des Kriegs, der, wenn nun auch die Jungen, halbe Kinder noch, eingebunden seien, unweigerlich kommen würde. Denn die Jungen, die am frühesten auf den Schlachtfeldern sterben würden, seien begeisterungsfähig, würden sich dem lautesten Schreier freiwillig unterwerfen. Er, Louis, nicht! Nie! Sein Widerstand erschreckte mich, er war unfähig, in diesem Punkt, so wenig er oft redete, den Mund zu halten.

»Ich höre sie im Traum«, schnauzte er mich an. »Sie stampfen über mich hinweg, sie lachen, sie höhnen. Siehst du es nicht?«

Er schwenkte vor meinen Augen ein kürzlich beendetes Blatt, es zeigte Silhouetten mit Waffen, Gewehren oder Speeren, andere krümmten sich, schienen zu stolpern, zu stürzen. Oder ich erkannte ein leeres Kreuz, ringsum Versehrte. Ich nahm ihm das Blatt aus der Hand, drehte es um und legte es auf einen der Stapel.

23

Madame Walter

Immer von neuem – und besonders im Frühling – muss er weg aus dem Altersheim, hinaus an die frische Luft, er geht und geht, auch wenn er langsamer geworden ist, er geht Tausende von Schritten in abgetragenen Schuhen. Man lässt ihm jetzt diese Freiheit. Die neue Directrice, jünger und milder als die vorherige, die in Pension gegangen ist, hat nicht den Drang, den Insassen Soutter einzuschränken und zu maßregeln. Gonseth heißt sie, diesen Namen merkt er sich. Wie ein streunender Hund, so wird im Heim gespöttelt, findet Louis jedes Mal den Weg zurück nach Ballaigues. Er hat es aufgegeben, um die Entlassung aus der Vormundschaft zu ersuchen, sie wurde ihm auch nach dem Tod des Bruders und der Mutter nicht gewährt, die Kosten, die er verursacht, sind im Heim geringer, als wenn er in der Gemeinde Morges gepflegt und verköstigt werden müsste. Das wenige, das ihm seine Bilder einbringen, reicht nicht einmal fürs

Allernötigste, und die abschreckenden Fingermalereien hält die neue Directrice für unverkäuflich wie die alte. So geht er auch dieses Mal in den Frühling hinein, die Geige umgehängt, obwohl er weiß, dass er nicht darauf spielen wird. Er braucht den Druck des Kastens auf dem Rücken, das Gewicht, das ihn an frühere Zeiten erinnert, an Madge, an Ysaÿe, an den Cousin Charles-Edouard, der inzwischen von ihm abgerückt ist.

Louis geht, er durchquert Vallorbe, er geht, bis er fast umfällt vor Erschöpfung, vielleicht wird er draußen schlafen, wer weiß das schon, und doch geht er, bis er nicht mehr kann, setzt sich hinter dem Dorf Lavigny auf einen Randstein, hebt die Hand, wenn ein Auto vorbeifährt. Den seltsamen Mann im Anzug am Straßenrand übersieht man lieber. Dann aber hält ein großer Wagen direkt neben ihm, eine elegante Dame beugt sich aus dem Fenster, fragt, wohin er wolle, er sagt: »An den See.« Sie lächelt, lädt ihn ein, auf dem Rücksitz Platz zu nehmen. Er steht auf, lüftet den Hut, eine Gewohnheit, die er schon fast verlernt hat. Der Mann am Steuer, elegant gekleidet wie sie, steigt aus dem Auto, öffnet für Louis die Hintertür, der nimmt den Geigenkoffer vom Rücken, schiebt ihn auf den Sitz, setzt sich daneben, streckt die Beine seitwärts aus. Ob das eine Violine sei, die er mit sich trage, fragt die Frau, die sich als Madame Walter-du Martheray vorstellt. Er nickt, mag nichts erklären, genießt die Weichheit des Polsters, versucht, seine Finger zu verbergen. Dann sagt er doch, die Geige sei vor Jahren seine Profession gewesen, er erwähnt den Namen seines Lehrers Ysaÿe; Madame Walter hat von ihm gehört, weiß, dass er nicht mehr lebt. Sie will mehr erfahren, ihr Mann mischt sich ein, Louis erzählt auf wortkarge Weise, dass er abgelegen wohne, vermeidet den Namen Ballaigues. Jetzt male er vor allem, er brauche aber Bewegung, sagt er, sei oft unterwegs, er redet über die Großen der Vergangenheit, erwähnt aber auch Manet, den er schätze. Madame Walter und ihr Mann kommen aus dem Staunen nicht heraus, was für einen Paradiesvogel sie da mitgenommen haben. Sie laden ihn ein, sie auf ihr Anwesen in Perroy zu begleiten, dort allenfalls bei ihnen zu übernachten, er könne ja seine Angehörigen telefonisch ins Bild setzen. »Ich habe keine Angehörigen mehr«, sagt Louis schroffer, als er gewollt hat. Aber er nimmt die Einladung mit beinahe übertriebenem Dank an; die Höflichkeitsformen, die ihm als Kind beigebracht wurden, beherrscht er immer noch.

Madame Walter fragt nach seiner Herkunft, seiner Familie, den Soutters und Jeannerets, sie findet heraus, dass sie weitläufig miteinander verwandt sind, entfernte Cousins, und von da an will sie Yvonne genannt werden, aber zugleich beim »Sie« bleiben, das verhindere eine allzu schnelle Abnutzung der beginnenden Freundschaft. Ebenso will es ihr Mann handhaben, Georges; auch Louis lässt sich ja nicht gerne duzen, obwohl im Heim fast alle es tun.

Er gesteht nun stockend, beim Fahren durch maigrüne Felder, dass er in Ballaigues Heiminsasse sei, einer unter vielen, mit eigenem Zimmer, er beschreibt seine Fingermalerei, und während er auf den ersten Kilometern seine Hände zu verstecken versucht hat, zeigt er sie nun vor, er versuche immer wieder, sie sauber zu schrubben, die Tusche habe sich aber in den Poren festgesetzt. Yvonne, die sich ihm zugekehrt hat, findet es nicht schlimm, es sei ja nicht Schmutz, und es komme auf die Werke an, die auf diese Weise entstünden, sie sei neugierig darauf, sie sammle doch zeitgenössische Kunst, jetzt fällt ihr ein, dass sie den Namen Louis Soutter schon gehört habe. Georges liebt die Kunst auch, aber er ist Ingenieur, hat, wie er mit halbem Lachen erzählt, neue und überaus haltbare Betonmischungen erfunden, die er patentieren ließ.

Den Landsitz in Perroy erreichen sie am frühen Abend, als die Wolkenbank im Westen rötlich leuchtet. Für Louis ist es ein kleines Wunder, dass er diese Räume betreten darf, er reinigt draußen am Scharreisen umständlich seine Schuhe, er fürchtet, dass er unangenehm riecht, lässt sich im Salon auf einem Sessel nieder. Das ist der Luxus, nach dem er sich sehnt und den er zugleich nur kurze Zeit aushält, denn sein innerer Mittelpunkt ist längst das schmutzige Ballaigues, wo er sterben wird, umgeben von den Stapeln seiner Bilder, wo denn sonst?

Ein Diener trägt das Essen auf, eine kalte Platte mit Pastetchen, Schinken, eingelegtem Gemüse und Pilzen; ein trockener Weißwein vom eigenen Rebberg wird Louis eingeschenkt. Er, der sonst das Essen meidet, lieber fastet, als sich zu mästen, greift nun herzhaft zu, der Diener hat Kerzen angezündet, in ihrem Licht wird der Salon zu einem wahr gewordenen Traum. Er gerät ins Reden und Erzählen, wird hastiger nach dem zweiten Glas Wein, verschluckt sich, stockt, redet weiter. Von der Apotheke in Morges erzählt er, die er keinesfalls übernehmen wollte, von Brüssel und Ysaÿe, von der unglücklichen Zeit mit Madge in Amerika. Was ihm die Zunge löst, kann er hinterher nicht sagen, es ist vielleicht das geheimnisvolle, verhalten flackernde Kerzenlicht von mehreren Leuchtern, das ihn zurückholt in seine Vergangenheit.

Die Gastgeber staunen, dass er Le Corbusier kennt, auch wenn sie, Charles-Edouard und Louis,

173

nun uneins sind über den richtigen Weg der Kunst und auch der großen Politik. Spät geht er zu Bett, von einer Pendule hat es Mitternacht geschlagen. Das Gästebett, frisch bezogen für Louis, schenkt ihm trotz seiner Verdauungsbeschwerden für diese eine Nacht eine Geborgenheit, die er doch längst verloren hat. Beinahe steht er in der Morgendämmerung auf, um von diesem Ort zu fliehen. Dann schläft er wieder ein, wird vom Diener mit einem Klopfen an der Tür geweckt, er riecht den Kaffee, der in einer Kanne auf das Nachttischchen gestellt wird, ein seidener Schlafrock liegt für ihn bereit. Zum Frühstück bleibt er noch, wortkarg nun. Jemand hat seine schmutzigen Schuhe geputzt, er hat ein schlechtes Gewissen. Er muss zurück, er gehört nach Ballaigues, das ist sein Purgatorium, dem er nicht entrinnen kann. Georges ist bereit, ihn im Auto, im weinroten Bugatti, die schätzungsweise fünfzig Kilometer zurückzufahren. Louis lässt sich überreden. Wie großzügig, wie wohlwollend man hier ist! Zuvor aber zeigt ihm Georges seine Champignonzucht in den Kellerräumen, denn das ist seine zweite Leidenschaft: ein Substrat zu entwickeln, auf dem gesunde und große Pilze gedeihen. Er führt Louis zwei Treppen hinunter ins Halbdunkel des Kellers, lässt ihn an den Pilzen riechen, die in Gruppen auf halb verfaulten, mit Erde bedeckten Rindenstücken wachsen. Er putzt mit seinem Taschentuch ein besonders großes Exemplar, lässt Louis ein Stück von Hut abbeißen. Der Geschmack mahnt an Wald, an Moos, ein wenig sogar an zartes Fleisch. Louis kaut, schluckt, mehr will er nicht, ihm wird schwindlig, Georges muss ihn, treppauf, am Arm unterfassen.

Der Abschied von Yvonne ist kurz, man verspricht, sich wiederzusehen. Auf der Fahrt reden die beiden Männer wenig, die Bilder vom Abend, vom Salon im festlichen Kerzenschein, lassen Louis nicht los. Hätte das, fragt er sich, sein Leben sein können? Er erschrickt über diese Frage, verneint sie kategorisch. Er weiß es doch, nur die Sehnsucht erträgt er, nicht aber ihre Verwirklichung, denn sie macht das Sehnen belanglos. Und nur in der Beengtheit von Ballaigues kann er seine Werke schaffen, nur bei diesem Schaffen strahlt manchmal ein Glück auf, das ihn erfüllt, wie es für ihn doch gar nicht sein darf.

Es ist eine Sensation, als der Bugatti, in dessen weinrotem Lack sich die Wolken spiegeln, vor dem Heim anhält und Georges seinen Gast ins Haus begleitet. Madame Gonseth zeigt sich verhalten freundlich, als Georges ihr erklärt, wie alles gekommen ist, sie gibt sich sogar einverstanden, dass Georges in Zukunft Louis ab und zu abholen wird für einen Aufenthalt in Perroy. Georges muss unten warten, Louis geniert sich, ihm sein unordentliches Zimmer zu zeigen. Er wählt drei Blätter aus, die er ihm mitgeben will, als Geschenk, zwei Fingermalereien und eine Federzeichnung, er rollt sie zusammen, übergibt sie Georges beim Empfang, bittet ihn, sie erst in Perroy anzuschauen, mit Komplimenten an seine Frau Gemahlin.

Der Abschied ist herzlich, Georges fasst Louis an der Schulter, als wolle er ihn gleich wieder mitnehmen. »Wir sehen uns bald«, sagt er und nickt, ein Ingenieursnicken, denkt Louis, klar und unmissverständlich. Niemand fragt ihn aus, wie es zu dieser Bekanntschaft gekommen ist. Er hätte sich bei der Antwort wohl verhaspelt, er weiß ja auch nicht genau, warum sich alles so und nicht anders zugetragen hat.

Von diesem Zeitpunkt an hält er sich in Abständen das eine und andere Mal bei Yvonne und Georges auf. Es ist eine Gegenwelt zu Ballaigues, deren Zauber er nicht widerstehen kann, und doch bleibt er dort nie länger als ein paar Tage. Dann treibt es ihn zurück ins Heim.

24
Louis

Die neue Directrice nahm ihm die Geige nicht mehr weg. Doch er spielte nur noch selten darauf und ärgerte sich über seine immer steifer werdenden Finger, die ihm den Gehorsam verweigerten. Es sei eine Alterserscheinung, hatte der weißhaarige Arzt aus Vallorbe gesagt, der alle paar Monate das Heim besuchte; gegen die rheumatischen Beschwerden empfahl er ihm, wie zuvor der Dorfkrämer, Ziegenfett zum Einreiben. Meist stand der Kasten in einer Zimmerecke, in seinem Rücken. Und wenn ihn trotzdem – nie voraussehbar – der Drang überfiel, die Geige herauszunehmen, sie zu stimmen und eine Weile auf ihr zu spielen, dann ging er mit ihr in die Waschküche, sogar mit Erlaubnis von Madame Gonseth. An diesem Ort war er am späten Nachmittag allein. Der Dampf aus den Trögen hatte sich verflüchtigt, es war auch im Winter wärmer als sonst im Haus, es roch nach Waschpulver, an den Wäscheleinen hingen Leintücher,

Hemden, Hosen, manche tropften noch, und wenn Louis das Deckenlicht anknipste und, die Geige am Kinn, spielend hin und her ging, wanderte sein verkürzter Schatten auf den hellen Tüchern mit. Hier hörte ihm niemand zu, hier spottete keiner über ihn. Fragmente aus Bachs Solosonaten, die er nie vergessen hatte, gerieten ihm in die Finger. In diesem Raum gab es von den tiefen Tönen einen Widerhall, der seinen Körper zu berühren schien. Wenn er nicht weiterwusste, brach er ab, ließ die Töne verklingen, begann mit etwas Neuem, kehrte zum Strich auf der leeren Saite zurück, alles schien für Augenblicke zu vibrieren, auch die hängenden Tücher flimmerten im Zwielicht vor seinen Augen. Er dachte an Ysaÿe, der nun tot war, er dachte an Madge, die ihn nachts immer noch besuchte, Madge, die Schöne, die Wilde. Ein einziges Mal hatte er Antoinette hierher mitgenommen, als sie zu Besuch bei der Tante war, sie wollte ihm unbedingt zuhören, und er hatte nachgegeben. Während er spielte, hatte sie sich nicht von der Wand bewegt, und als er zu ihr sah, schien ihm, sie sei verstört, er dachte, dass ihr sein Spiel nicht gefiel oder dass sie den inneren Zusammenhang der Töne nicht verstand, er wusste ja selbst, dass manche im Heim sie als Katzenmusik verlachten. Er führte Antoinette, die mittlerweile mit einem Lehrer verheiratet war, am Ellbogen sanft aus der Waschküche, sie ließ die Berührung zu, sagte plötzlich, draußen im Hellen, mit einem Lächeln: »Wie schön Sie gespielt haben.« Über dieses Lob wagte er gar nicht, sich richtig zu freuen. War es ehrlich? Oder wollte sie ihn einfach aufmuntern?

Er musste sich daran gewöhnen, dass alle, die ihm etwas bedeuteten, allmählich aus seinem Leben verschwanden. Sogar an die unnahbare Mutter dachte er ab und zu, die vor sieben Jahren gestorben war, an Albert dachte er, bei ihm waren es, wenn er richtig zählte, acht her. Zu beiden Begräbnissen war er nicht gegangen, ebenso, wie er vor langer Zeit die tote Jeanne nicht im Sarg sehen wollte. Die Verwandten legten es ihm als Kaltherzigkeit aus, als fehlende Anteilnahme eines Halbverrückten, den die Familie mit Recht irgendwo im Jura versenkt hatte. Ja, er war nicht nur einsam, er war ein Verlassener, zu dem nachts manchmal die Toten sprachen. Und wovon sprachen sie? Vom Garten in Morges mit den vollbehangenen Johannisbeersträuchern und all den Verstecken, vom See sprachen sie, der bei Nebel unermesslich schien, vom Friedhof, wo sie lagen, und wenn Louis den Stimmen lauschte, wurde manchmal ein Gesang daraus, dem er widerstand, damit er ihn nicht wegtrug.

25
Charles-Edouard

Beim nächsten Mal wurde es zu viel für mich, da entglitt er mir vollends. Über zehn Jahre hinweg hatte ich ihn sporadisch besucht. Es war ein Samstag, im Frühsommer '37, die neue Hilfskraft am Empfang schien verlegen. »Er ist am Malen«, sagte sie, »da darf ihn niemand stören. Er will es so.« Ich insistierte, er kenne mich, sagte ich. Die Verlegenheit rötete ihr Gesicht. »Nun gut«, sagte sie schließlich, »Sie sind ja ein Mann.« Und fügte hinzu: »Er scheint zum Glück unempfindlich gegen die Kälte zu sein, jetzt ist es wieder wärmer. Aber letzte Woche ... da mussten wir extra für ihn heizen ...« Sie brach ab, versuchte ein kleines Lachen, sie führte mich, an schwatzenden Alten vorbei, durch die Halbdämmerung und die schlechten Gerüche hinauf in den ersten Stock, vor Louis' Zimmer, sie klopfte, hörte keine Antwort, öffnete sanft die Tür, sie bemühte sich, den Blick abzuwenden, und deutete mit einer Geste an, ich solle eintreten.

Ich trat vorsichtig über die hohe Schwelle, drinnen war es heller, hell genug, trotz des gezogenen und ziemlich schmutzigen Vorhangs. Mein Erschrecken brachte mich beinahe aus dem Gleichgewicht, nein, es war stärker als Erschrecken, ich war für Momente wie gelähmt. Da kauerte er auf dem Bretterboden, mein Cousin, rings um sich große Zeichnungsblätter, die ich ihm bezahlt hatte, er war völlig nackt, er malte an einem Blatt mit seinen Figuren, er tauchte die malenden Finger in eines der Gefäße mit schwarzer Tinte oder Tusche, die um ihn herumstanden, die Finger beider Hände glitten beinahe elegant übers Blatt, und erstaunlich geschmeidig bewegte er sich, wiegte den Oberkörper hin und her, zog die Füße, die knochigen Beine zentimeterweise mit, um der entstehenden Figur zu folgen, es glich einem langsamen, feierlichen Tanz, und nach einer Weile wandte er sich einem andern Blatt zu, drehte sich leicht weiter, die Bewegungshemmung, die man sonst an ihm beobachten konnte, schien von ihm abgefallen zu sein, ja, was er tat und wie er es tat, hatte etwas Tranceartiges an sich, wie bei einem Schamanen, denke ich heute (zumindest stelle ich mir Schamanen so vor). Meine Anwesenheit schien er erst gar nicht zu bemerken. Nachdem ich mich gefasst hatte, nannte ich ihn beim Namen, erst leise, um ihn nicht zu erschrecken, dann lauter, und ich hatte den Eindruck, dass er innerlich viel weiter von mir entfernt war, als die geringe Distanz zwischen uns mich glauben ließ, jedenfalls reagierte er nicht.

»Louis, so hör doch, ich bin da, Charles-Edouard!«

Nichts in seinen Bewegungsabläufen deutete darauf hin, dass er mich hörte oder verstand. Seine Augen waren nicht leer, aber sie nahmen mich offenbar nicht wahr, selbst wenn er sich im Drehen mir zuwandte. Ich trat einen Schritt vor, beugte mich zu ihm und tippte auf seine Schulter. Da zuckte er nun doch zusammen, drehte sich zu mir, schaute mich an wie einen Fremden, er stand auf, und ich sah ihn, den nackten Mann, der so mager war, dass man alle Rippen zählen konnte, die Hüftknochen standen hervor, das Geschlecht, hing zwischen gekräuseltem weißem Haar schlaff herunter, und die Beine waren dünn, auch sie nur Haut und Knochen mit verformten Kniegelenken. Dass diese Beine ihn auf seinen Wanderungen immer wieder so weit getragen hatten, war staunenswert. Endlich nahm er meine Erscheinung – ich trug einen hellen Mantel und ein dunkles Béret – in sich auf. Er schien sich nun doch zu schämen, er schaute sich um, wollte nach einem Hemd greifen, das irgendwo lag. Über dem Stuhl hing auch seine gestreifte Krawatte, die er sonst immer mit doppeltem Knoten trug. Aber ich zog rasch meinen Mantel aus, trat näher, hielt ihn ihm hin, und er schlüpfte widerstandslos hinein, weil er nun doch wohl zu frieren begann. Seine ohnehin übergroßen Augen weiteten sich, als er mich endlich erkannte.

»Was willst du hier?«, fragte er schroff.

»Ich wollte dich besuchen«, sagte ich, fast ein wenig eingeschüchtert von seinem ungewohnten Ton. »Wie geht es dir?«

»Ich arbeite«, sagte er, »das siehst du doch.« Und er schwenkte seine Hände vor mir, so dass er mich mit der Farbe, wäre sie nicht schon trocken gewesen, vermutlich angespritzt hätte. »Ich werde ungern dabei gestört. Ich mag es nicht, wenn man mir zuschaut.«

»Warum ziehst du dich denn aus?«, fragte ich.

Er erschauerte, als ob er absurderweise erst unter meinem Kaschmirmantel wirklich zu frieren begänne. »Das muss sein, ich muss mich von allem befreien, was mich beengt, sonst gelingen mir die Bilder nicht.«

»Und wann sind sie gelungen?«, fragte ich.

»Eine dumme Frage, Charles-Edouard. Wenn sie fertig sind, wenn ich beschließe, nichts mehr daran zu ändern.«

»Ich kann dich bei dieser Malweise nicht unterstützen«, sagte ich.

»Du willst nicht sehen, was sich dahinter verbirgt.« Seine Stimme senkte sich, er flüsterte bloß. »Man sperrt so viele ein, in Deutschland, in Italien. Es werden Lager errichtet, das weißt du doch. Sie sterben an Hunger, an Hieben, man hängt sie auf, erschießt sie. Unsere Zeitungen müssen zu viel verschweigen, das Dritte Reich ist mächtig geworden. Und seine Grenzen stoßen an unsere.«

»Der Führer«, hielt ich dagegen, »weiß nicht alles. Er muss das Ganze im Auge behalten, Deutschland nach seinen Plänen ummodeln, damit aus dem Land ein moderner, ein zukunftsweisender Staat wird.«

Heute durchschaue ich, wie kurzsichtig das war. Aber ich brauchte Jahre dafür. Louis lachte auf, beinahe meckernd. »Der Führer hat das doch befohlen, mein lieber Charles-Edouard. Er eifert deinem Duce nach. Seine Befehle sind im Führerstaat Gesetz. Darum haben die Vernünftigen Angst, sich zu widersetzen, und wer es doch tut, wird denunziert und verhaftet. Man geht davon aus, dass auch Österreich bald Beute des Führers wird. Seine Anhänger werden ihn mit Jubel begrüßen und später die Toten beweinen. Wie 1918, am Ende des großen Kriegs.« Er hatte sich in Rage geredet, nun fixierten mich seine Augen, ließen mich nicht los. Ich staunte, wie beredt, wie geschickt er argumentierte, nichts mehr war da vom Fingermaler in seinem beschränkten Umkreis.

Ich entgegnete: »Die Nationalsozialisten haben den Deutschen wieder Kraft und Energie gegeben. Und allen Arbeit. Ganz Europa, das sage ich dir voraus, wird von diesem Energieschub profitieren.«

Er lachte wieder, tief unglücklich: »Ganz Europa wird von Toten übersät sein. Das erscheint mir in Alpträumen, Cousin, und ich kann sie nicht vertreiben.«

»Du bist kein Prophet«, sagte ich. »Du verstehst zu wenig von der großen Politik. Ich verlasse mich dann doch lieber auf die Vernunft der Überlegenen, sie werden ihre Stärke zugunsten des Volks einsetzen.« Ich kam mir selbst, als ich das sagte, pathetisch vor, konnte mich aber nicht daran hindern, die Parolen der Faschisten zu zitieren.

Er versuchte, mich zu unterbrechen, machte eine ablehnende Bewegung mit hoch erhobenen Händen, deren schwarze Finger beschwörend gespreizt waren, beinahe fürchtete ich, er könnte auf mich losgehen. »Geh jetzt, Cousin«, fuhr er mich an, er hatte sich verwandelt, er war nicht mehr der schwächliche alte Mann, dem man glaubte beistehen zu müssen, er glich eher einem Seher, von dem ich jetzt, 1955, weiß, dass seine Schreckensvisionen Wirklichkeit wurden oder schon Wirklichkeit waren, als er ihnen Umrisse gab.

Ich zögerte, stammelte etwas Versöhnliches.

»Geh jetzt«, wiederholte er, etwas ruhiger. »Du störst mich. Ich muss arbeiten.« Und nach einer Pause, in der sich seine Brust unter dem aufklaffenden Mantel senkte und hob, mit starkem Keuchen: »Geh und komm lange nicht wieder.«

Ich nickte, sprachlos. Er zog den Mantel aus und warf ihn vor mich auf den Boden. »Nimm ihn. Er gehört dir.« Jetzt zeigte er sich wieder nackt, und sein Geruch, an den ich mich in dieser Stunde gewöhnt hatte, war mir plötzlich unerträglich. Ich empfand, was er getan hatte, als Demütigung, die mich einen Augenblick rasend machte. Ich bückte mich, packte den Mantel, schlüpfte hinein. Noch tagelang verfolgte mich sein Geruch, der bereits am Stoff haftete, nicht bloß Schweiß, es war auch etwas Pflanzliches beigemischt, wie von zerdrückten Blättern. Yvonne, die es Tage später in Paris immer noch roch, ekelte sich davor.

»Adieu, Louis«, sagte ich schwächer, als ich gewollt hatte. »Du wirst mich nicht mehr sehen.«

Er reagierte nicht darauf, hatte sich erneut hingekauert und dem Malen zugewandt, ich sah, dass er ohne Mantel fror. Es machte ihm nichts aus. Er war für mich in diesen Momenten wahrhaft ein Besessener. Und ich wusste: Dies war der Bruch, nach zehnjähriger Freundschaft. Aber konnte man die Beziehung, die uns verbunden hatte, Freundschaft nennen? Er stammte aus demselben Familienteig wie ich und war doch so anders, so befremdlich anders, ein Gegenbild von mir. Hinterher dachte ich manchmal, wir seien Zwillinge gewesen, von denen jeder das verkörperte, was der andere nicht hatte.

26
Estoppey und Poncet

Man näherte sich dem Jahr 1939. Was es bringen würde, wusste niemand voraus, einige ahnten es. Der Maler Pierre Estoppey suchte Louis Soutter in Ballaigues auf, angelockt von den Gerüchten, die in Vallorbe über den Exzentriker kursierten, sein Freund Marcel Poncet, ebenfalls Maler, begleitete ihn. Es war unüblich, sich bei Soutter anzumelden, er öffnete, falls er im Zimmer war, auf wiederholtes Klopfen hin die Tür, oder er reagierte nicht; dann ging man wieder weg. Den beiden jungen Männern öffnete er und ließ sie herein, nachdem sie sich vorgestellt hatten. Zuerst mussten sie sich an den Geruch nach menschlichen Ausdünstungen und Farbe gewöhnen. Louis war, entgegen dem, was man über ihn sagte, vollständig angekleidet, er trug zu ihrer Verblüffung sein Veston und seine Krawatte, beides war von Flecken übersät. An einem Türhaken hing sein malvenfarbener Hut, von dem sie gehört hatten, dass Soutter ihn auch im Zimmer nicht ablege oder dann gleich sämtliche Kleidungsstücke. Soutter schien aber nicht gearbeitet zu haben, er lese, sagte er, er lese wieder einmal in Pascals *Pensées*, das sei ein unergründlicher Schatz, und nun sahen die Besucher, dass er kaum noch Zähne hatte und deshalb ein wenig brabbelte. Er zeigte auf das verschlissene Buch, das am Tischrand lag, neben einem unordentlichen Stapel von Blättern in unterschiedlichem Format. Es waren, wie sich bald herausstellte, seine letzten Werke, die er nach dem Trocknen umzudrehen pflegte, damit sie ihn, das war seine Formulierung, nicht weiter bedrängten. An den Wänden lagen weitere Stapel, der Schrank, sagte Soutter, sei voll davon. Er zeigte ihnen auf ihre Bitten hin die obersten Blätter, die er vom Stapel hochhob, mit der bemalten Seite nach oben, wobei den Besuchern seine schwarzgefärbten Finger auffielen, die sie ähnlich erschreckten wie die Bilder selbst, denn mit dieser ungestümen Ausdruckskraft der grob hingemalten Schattenfiguren hatten sie nicht gerechnet. Eine Kreuzabnahme erkannten sie, den gekrümmten Leib Christi mit dünnen Kinderarmen, einen mit roten Streifen besudelten Kopf, auf dem eine Dornenkrone saß, und dann eine halb liegende, halb sitzende Figur, die im Schwarz der Umgebung ausgespart war, der leidende Christus vielleicht, von äußerster Hinfälligkeit, mit riesigen, in Verzweiflung und Schmerz gekrümmten Fingern, oder sonst ein Toter, grau gefleckt, als habe der Fäulnisprozess schon eingesetzt. Unheimlich dies alles, kaum zu ertragen. Oder sollte es ein Wiederauferstehender sein? Die beiden Besucher sagten nichts, Soutter fragte nicht nach ihrer Meinung, gab keine Erklärungen, ein Blatt nach dem andern drehte er um, legte es zurück, und plötzlich sagte er: »Jetzt ist es genug. Sie können gehen.« Aber als sie ihm zum Abschied doch die geschwärzte Hand schüttelten, lud er sie ein, ihn wieder zu besuchen, er werde beim Vorzeigen leider rasch müde.

Sie gestanden einander auf dem Rückweg nach Vallorbe, dass aus diesen Bildern eine Kraft sprach, von der sie sich wie betäubt fühlten. Für Estoppey verkörperte der Maler eine finstere Art von Genie, es sei nicht verwunderlich, dass die Welt von ihm nichts wissen wolle.

Je weiter weg von Ballaigues sie waren, desto stärker wirkte der Eindruck der tanzenden Figuren nach, die sie gesehen hatten. So hätten vermutlich auch die frühesten Maler in den steinzeitlichen Höhlen gemalt, sagte Estoppey zu seinem Freund, mit den Fingern und wohl auch nackt, wie man es ja von Soutter behaupte.

»Große Augen hat er«, sagte Poncet, »große Ohren.«

»Und einen eingefallenen Mund, erschreckend«, sagte Estoppey.

Sie nickten beide, er war ein Rätsel, dieser Mann. Von ihm zu erzählen, über ihn zu schreiben, ohne aus ihm ein Kuriosum zu machen, war fast nicht möglich.

»Seine Zeit wird erst noch kommen«, sagte Estoppey, aber nur mit halber Überzeugung. Soutters unermüdliches Malen könne ja auch als eine Art Gebet gelten.

»Dann wäre der kümmerliche Raum, in dem er lebt«, sagte Poncet, »eine Mönchszelle.«

Schweigend gingen sie durch den Wald, Richtung Vallorbe. Das Licht spielte in den Buchenblättern, sie hörten das Murmeln des Bachs, der den Hang hinunterfloss, ein paar Vogelrufe und sonst nichts.

27

Louis

Dass in Europa wieder ein großer Krieg begonnen hat, weiß er, dass er kommen würde, hat er geahnt und sich auch deswegen mit Charles-Edouard zerstritten. All dies, was seine farbnassen Finger entwerfen, wird ihm keine Anerkennung bringen. Er kann sich nicht darum kümmern. Was ihn, von innen und von außen, bedrängt und besetzt, sind Bilderreigen ohne Ende, die er aufs Papier bringt, auch wenn er sich stets von neuem dagegen zu sträuben versucht. Er liest beinahe täglich die *Gazette de Lausanne*, obwohl er die Augen anstrengen muss, vor allem mit dem linken sieht er alles verschwommen. Und die Brille, die man ihm gegeben hat, ist schlecht, verzerrt die Sicht noch stärker. Er malt ohne sie, sieht nur beschränkt, was die Finger entstehen lassen. Seine Arme, die Hände, die Finger: Sie wissen mehr als er, er kann ihnen vertrauen; wenn er die Augen schließt, sieht er innerlich, was auf dem Papier entstehen wird.

Oft sitzt nun Julie am Empfang, sie hat die Stelle von Antoinette eingenommen, die sich, als Verheiratete und Mutter eines Kindes, kaum noch in Ballaigues zeigt. Julie ist kleiner als sie, ein wenig pummelig, ein wenig ängstlich gegenüber dem seltsamen Insassen Soutter. Dennoch bittet er sie gelegentlich, ihm aus der Zeitung vorzulesen, Kriegs- und Schlachtberichte mit Schätzungen zur Zahl der Opfer; sie tut es stockend, ihre Stimme zittert. Er rühmt sie, setzt dem Schrecken sein Lob entgegen. Die Kampfkraft der Deutschen scheint übermächtig zu sein; sie werfen einen Gegner nach dem andern nieder, verschleppen die Juden. Dass es so kommen würde, hat man spätestens seit der Kristallnacht ahnen können. Im Speisesaal steht ein Radioapparat, meist wird er zur Mittagszeit, exakt um zwölf Uhr dreißig, angestellt, wenn der Landessender Radio Sottens nach dem Zeitzeichen die Nachrichten ausstrahlt. Madame Gonseth will, dass die Insassen über das Weltgeschehen im Bild sind. Ihre namenlose Vorgängerin, la Directrice, hätte das für unnötig gehalten. Aber an den Tischen hört man der Stimme, die aus dem Radio schallt, nur halb zu, lacht zwischendurch, ruft etwas, einer lässt Mussolini hochleben, wird von anderen niedergeschrien. Wenn es Louis gelingt, genauer hinzuhören, wird ihm kalt vor Entsetzen. Neben ihm sitzt am Tisch der zerknitterte Jérôme, einer der wenigen, der auch noch wissen will, was in der Welt geschieht. In früheren Jahren benahm er sich feindselig Louis gegenüber, weil er ihn als »feinen Pinkel« ansah, er hat ihm einige Male die Melone vom Kopf geschubst oder sie ihm tief in die Stirn gedrückt. Louis hat sich nie gewehrt, war aber doch froh, dass eine robuste Pflegerin einschritt und Jérôme solche Bubenstücke untersagte. Nun aber will er mit Louis über den Krieg diskutieren, darüber, ob er lange dauern wird oder nur kurz. Vielleicht noch kürzer, als alle denken. Die Deutschen erringen ja einen Sieg nach dem anderen, Polen haben sie überrannt, Belgien, die Niederlande nehmen sie ein. Louis will es eigentlich nicht so genau wissen und stellt sich dann doch vor, wie viele in diesen Schlachten sterben, er hat das Dröhnen der Kanonen, der Flugzeuge im Ohr, die Schreie der Verwundeten. Und selbst in seinem Zimmer sind die Echos noch da, wie damals, vor langer Zeit, im Palace Hotel in Gstaad, ein schmerzhafter Lärm, er malt fliehende, stürzende Figuren, er meidet den Speisesaal, isst beinahe nichts, trinkt bloß Wasser, kaut stundenlang an Grieben, die er immer noch beim Dorfmetzger holt und in fettigen Papiersäcken aufbewahrt. Auch Julie, die ihn zu mögen anfängt, kann ihn nicht mehr zum Essen mit den anderen überreden. Und als er, Wochen später, doch wieder zur Mittagszeit hingeht, weil ihn der Krieg nicht in Ruhe lässt, hört er von Jérôme, dass Frankreich kapituliert hat, *la grande France*, nach sechswöchigem Feldzug nur, Frankreich jetzt in deutscher Hand, nicht zu glauben. Was gesichert schien, stürzt zusammen, und man muss nun fürchten, mischt sich ein anderer ein, dass die Deutschen in die Schweiz einmarschieren. »Und was hätte da unsere Armee für eine Chance?«, fragt er. »Keine. Wir würden in Wochenfrist deutsches Untertanengebiet.« Einer, der zugehört hat, widerspricht, andere unterstützen ihn: Der General Guisan, ein Welscher, wird uns verteidigen. Ein heftiger Streit entsteht, Louis geht benommen zurück in sein Zimmer, setzt sich hin, beginnt zu malen, ein leeres Kreuz wie andere Male schon, ja, das Kreuz ist leer, der daran hing, ist heruntergestiegen oder wurde heruntergerissen von Verzweifelten, Jesus ist verschwunden, er wird niemanden retten.

Siebzig ist Louis Soutter nun, seine Beine werden müde, sie tragen ihn nicht mehr weit genug, oft schon nach zwei Stunden muss er auf seinen Gängen, die ihn früher bis ins Wallis und über die Alpenpässe trugen, umkehren, sich reumütig im kleinen Zimmer einschließen, an dessen Wänden sich seine Arbeiten stapeln.

28

Die Nahen, die Fernen

Ende 1941 steht im Speisesaal des Altersheims von Ballaigues ein Weihnachtsbaum mit Kerzen, roten Kugeln und einem silbernen Stern an der Spitze. Madame Gonseth hat dies gewollt; sie hat auch angeordnet, dass über die Festtage das Radio nicht angestellt wird. Keine Nachrichten vom zerstörerischen Krieg außerhalb der Grenzen sollen die Festlichkeit trüben, keine Ängste, dass der Krieg zu ihnen kommt, sollen die Insassen heimsuchen.

Louis setzt sich zu den andern in seiner üblichen Sonntagskleidung, aber ohne Hut. Den kleinen Lebkuchen, den alle bekommen, isst er nicht, er hört die Kaugeräusche, das Schmatzen, das Gerede ringsum, hört zu, als der Ortspfarrer eine kleine Ansprache hält, um Frieden für die ganze Welt bittet und sein Amen so laut erschallen lässt, dass Louis zusammenzuckt. Er hat in der *Gazette de Lausanne* Berichte über große deutsche Lager gelesen; in ihnen würden hauptsächlich Juden unter schlimmsten Bedingungen eingesperrt und dem langsamen Sterben überlassen. Er ist sicher, dass diese Gerüchte stimmen, auch wenn sein Cousin sie vor ein paar Jahren nicht glauben wollte. Er sieht zwar immer schlechter, aber sein inneres Gehör ist geschärft, er meint manchmal nachts aus großer Entfernung ein vielstimmiges Klagen zu hören. Und nun sitzt er da und sieht ins Kerzenlicht. Er möchte aufstehen und weggehen, irgendwohin, über die dünne Schneeschicht hinweg, die draußen liegt, aber er ist wie gelähmt, dem Gesang ausgeliefert, den der Pfarrer angestimmt hat. Das Stück Schokolade, das zur Feier des Tages ausgeteilt wird, steckt er zwar in den Mund, aber die Süßigkeit ist ihm zuwider, er sehnt sich nach dem rohen Geschmack der Grieben, die ihm ausgegangen sind. Gegen das Leiden kann er nichts tun, er kann es bloß darstellen, solange es noch geht, und für das Glück, den Überschwang, die körperliche Liebe hat er zu wenig Kraft, hin und wieder taucht das eine oder andere dennoch auf in seinen Bildern. Denn alles ist vorhanden im Menschengewimmel, zu dem er, als Abseitsstehender, selbst gehört. Zu vieles bedrängt einen wie ihn, der die Liebe immer wieder verscheuchte, denn er hat sie nicht verdient, sie steht ihm nicht zu. Wer die Mutter nicht liebt, den Vater zu wenig, der macht sich zum Ausgestoßenen. Aber Jeanne, die kleine Schwester, sie hat er über alle Maßen geliebt und sich, als es ihr schlechtging, zu wenig um sie gekümmert. Hatte er denn jemals den Impuls, sich genügend um andere zu kümmern?

Die Feier ist zu Ende, das Geschwätz wird unerträglich laut. Louis ist froh, in der beginnenden Dämmerung Zuflucht in seiner Klause zu finden. Im Altertum, denkt er manchmal, wäre ich ein Wüstenmönch geworden. Er legt sich hin bei halb offenem Fenster, denn er braucht jetzt die Kälte, er denkt an die Mutter, an Jeanne, an Madge. Wie sehr sein Leben von diesen drei bestimmt wurde, es ist ein gebrochener Akkord, der durch die Jahre klingt.

Die Mutter und Jeanne leben nicht mehr, von Madge weiß er es nicht. Trotzdem sind sie da, die drei, er kann nichts dagegen tun, gerade in dieser Zeit wird er bedrängt von Erinnerungen. Sein Leben wäre anders verlaufen, hätte er der Mutter entgehen können. Sie war allgegenwärtig in seinen frühen Jahren. Wie sehr konnte ihre Miene versteinern. Das ließ ihn zurückschrecken vor ihren Berührungen, noch schlimmer war es, wenn sie ihn in seltenen Momenten an sich zog und sein Gesicht mit Küssen bedeckte. Heimlich rieb er es hinterher sauber, er hasste es, den Speichel der

Mutter auf seiner Haut zu spüren. Dem Vater auszuweichen war einfacher, er zeigte sich selten oben in der Wohnung, oft erschien er nicht einmal zu den Mahlzeiten, dann musste ihn Albert heraufholen. Er roch merkwürdig, der Vater, nach Tinkturen, nach den Salben, die er gemischt hatte, ein Wangenkuss von ihm, am Geburtstag, an Weihnachten, konnte einem den Atem nehmen, es war oft etwas Scharfes darin, nicht, dass er getrunken hätte wie später Albert, aber sein Hauch brannte auf den Schleimhäuten. Immerhin freute er sich über Louis' Geigenspiel, anders als die Mutter, die immer etwas auszusetzen hatte. Ihre zornigen Blicke, wenn er bei einem Hauskonzert einen Einsatz mit der Geige verpasste. Sie spielte dann lauter, die Klavierakkorde klirrten wie hinterher ihr Lachen, wenn sie am Buffet stand und die Komplimente der Gäste entgegennahm. Es kam vor, dass er heimlich ihre frisch gewaschene und gestärkte Frisur anschaute, er hätte nie gewagt, ihr durchs Haar zu fahren und zu zerstören, was so unveränderbar schien. Dass sie dunkle Kleider trug, verstand sich von selbst, aber im Dekolleté glänzte ihre Haut wie lackiert, das flüsterte ihm einmal Jeanne zu, die sich gerne zu Louis schlich, um eine Weile neben seinem Stuhl zu kauern, bis die Mutter sie mit einem drohenden Blick vom Bruder wegscheuchte.

Auch die Sommertage mit Jeanne, im Garten von Morges, kehren zurück, obwohl draußen in Ballaigues nun Winter ist. Nachmittage im hohen Gras, sie liegen hinter der Brombeerhecke auf einer Decke, die Jeanne, nicht mehr als sechs-, siebenjährig damals, heimlich herausgeschleift hat. Die sachte schwankenden Halme über ihren Köpfen, das Summen von Insekten, die Sonnenwärme auf der Haut, bis der Schatten des Apfelbaums über sie fällt und sie gegen Abend erschauern und näher zueinander rücken. Im Haus wird Klavier gespielt, es klingt, hinter geschlossenen Fenstern, gedämpft wie aus einem anderen Land. Die Rosen in der Nähe duften. Aber die zwei riechen nach dem gemähten Gras nebenan, und er, der Zwölfjährige, schon ein wenig nach Schweiß, er presst die Arme gegen den Oberkörper, damit der Geruch aus den Achselhöhlen nicht zur kleinen Schwester dringt. Sie erzählen sich Geschichten während dieser gestohlenen Stunden. Louis, der große Bruder, erfindet Märchen von einer Prinzessin, die all die trotteligen Prinzen, die um sie werben, abweist, und Jeanne lacht laut heraus, wenn er deren Stimmen nachahmt. Oder er beschreibt die Jagd aufs Einhorn, das aber, wie Jeanne es verlangt, nie gefangen, schon gar nicht getötet werden darf, denn das Einhorn ist das schönste und stolzeste Tier, das es gibt, in langen Sprüngen entkommt es jedem Jäger. Und sie, die Kleine, erfindet Geschichten von sprechenden Katzen, die sogar zaubern können, Mäuse verscheuchen sie einfach und fressen sie nicht, denn die sind zu zäh und zu knochig, viel lieber mögen sie Schokoladencrème, in die sie ihre Schnauzen tauchen, oder nippen vom Champagner. Die Kinder selbst dürfen ja manchmal bei Konzerten einen Schluck davon probieren, ja, die Mutter kann, viel zu selten, nachgiebig und sanft sein. Oder sie erfinden gemeinsam kleine Melodien, sie variieren Kinderlieder, Jeanne mit hohem und reinem Sopran, Louis mit der zweiten Stimme im Alt, und wenn er ihr ins Ohr singt, lacht sie, weil es sie kitzelt, und wehrt ihn ab. Manchmal verschränken sie, der große Bruder und die kleine Schwester, ihre Hände ineinander und erproben, wessen Finger stärker sind und wer den anderen zum Protestieren bringt: »Lass mich los, lass mich los!« Oft tut Louis so, als sei er der Schwächere, und freut sich über Jeannes stolze Miene, über ihre glühenden Wangen, wenn sie ihn besiegt.

Aus diesem verzauberten Geschwisterland vertreibt sie fast jedes Mal die Stimme der Mutter, die vom Haus her in den Garten schallt: »Wo seid ihr? Kommt herein, ihr habt zu tun.« Solange Maman ihren Beethoven geübt hat, sind die Kinder ungestört geblieben, sie haben gehofft, das werde noch länger dauern als sonst und die Sonne werde durch die Astlücke, die sie so gut kennen, wieder auf ihren versteckten Platz scheinen.

Zu tun, damit meinte die Mutter: üben und nochmals üben. Für Louis dauerte das, unter der Kontrolle der Mutter, mindestens anderthalb Stunden, in denen er auf seiner Geige Etüden wiederholte oder eine Händel-Sonate erlernte. Jeanne begnügte sich vorerst mit der Blockflöte, sang aber mit großer Leichtigkeit, was sie zu spielen hatte. Ihr Instrument, das sagte die Halbwüchsige später rebellisch, sei die Stimme; sie war schon sechzehn, als die Mutter, die für alle drei Kinder ehrgeizige Pläne hatte, ihr endlich erlaubte, bei einer stadtbekannten Gesangspädagogin Stunden zu nehmen.

Die Art des mechanischen Übens, die Marie-Cécile von Louis forderte, fand er öde. Sobald sie nicht mehr horchend und korrigierend in der Nähe war, begann er zu improvisieren und hörte sogleich damit auf, wenn sich ihre Schritte wieder näherten, die mit den hohen Absätzen laut über den Parkettboden klackten. Sie durchschaute den Sohn, tadelte ihn manchmal wegen seiner Eskapaden, ließ ihn aber gewähren, denn er beherrschte die Tonleitern und das Lagenspiel gut genug; ihr Louis sei mit Sicherheit hochbegabt, ließ sie die Gäste wissen, die zu den Hauskonzerten kamen.

Albert hingegen war in ihren Augen nicht ausreichend talentiert, und er litt darunter. Und Louis litt genau so daran, dass es ihm nie gelang, ihre Erwartungen wirklich zu erfüllen, dauernd ließ sie ihn spüren, dass sie sich mehr von ihm erhoffte, eine glänzende Laufbahn, Ruhm, der auch ihr gelten würde. Sie verbarg ihre Enttäuschung, als er von der Musik zur Malerei wechselte; immerhin ging es weiterhin um Kunst. Aber auch da versagte er letztlich in ihren Augen: Die Öffentlichkeit, auf die es ihr ankam, ignorierte ihn weitgehend.

29
Der Bruder

Die Geschwister, die Mutter, sie umzingeln ihn nachts, gehören zu den Schattenfiguren, die ihn belagern, scheinen ihr Leben zurückzugewinnen, lange nach ihrem Tod, der nie endgültig war, denn die Erinnerungen sind übermächtig.

Auch die letzte Begegnung mit dem um zwei Jahre älteren Bruder kommt ihm wieder nahe. Albert war auf seine Weise ein Verstoßener wie Louis und Jeanne. Sich der Apotheke zu widmen, akzeptierte er als Aufgabe, die ihm die Eltern überbunden hatten, der Vater wortkarg, die Mutter mit Nachdruck. Er verkümmerte dabei, ließ sich von seiner Frau tyrannisieren. Zuerst heimlich, dann immer offener ergab er sich dem Alkohol; allmählich wusste ganz Morges davon, und man hielt es für klug, dass Albert einen Compagnon ins Geschäft nahm, dem er die Buchhaltung anvertraute, er selbst war immer noch, bis zum späten Nachmittag, wenn ihm nach dem dritten oder vierten

Glas das Sprechen schwerfiel, für die Beratung der Kunden zuständig, und dafür wurde er von vielen geschätzt. Als aber trotz der schroffen Interventionen der Ehefrau sein Verhalten kaum noch erträglich war, verbannte man ihn mehrmals zur Entwöhnung in eine Trinkerheilanstalt. Mit guten Vorsätzen kam er zurück, geriet indessen bald wieder ins alte Fahrwasser. Es wurde so schlimm, dass er in der Psychiatrie Heilung suchte und keine fand. Er erkrankte schwer, woran genau, fand man nicht heraus; Abbau aller körperlichen Kräfte und Funktionen, so hieß es. Louis brach damals, vor mehr als zehn Jahren, im Spätherbst 1930, von Ballaigues auf, um den Bruder in Gimel, in der Klinik La Rosière, zu besuchen. Es war eine mühsame Fahrt, wie er sie ein Jahr später nur noch zu Ysaÿes Konzert unternehmen würde.

Die Brüder erkannten einander kaum wieder, erschraken sichtlich übereinander; zögernd umarmten sie sich. Albert roch nach saurem Wein, obwohl er hier nicht trinken durfte. Er hatte einen neuen Ausdruck im Gesicht, wirkte mit seiner faltigen Stirn verloren, halb abwesend, hielt sich immer wieder an den Lehnen des Sessels fest, in dem er saß. Zwischen den Brüdern stand ein alter Tisch, übersät von Einkerbungen und rötlichen Flecken.

»Was hat uns ins Abseits geführt?«, fragte Albert nach langem Schweigen. »Das möchte ich manchmal wissen.«

Auch Louis, der stehen geblieben war, schwieg lange, strich sich übers unrasierte Kinn. »Wir sind beide Verlassene«, sagte er dann, schien sich dabei von Wort zu Wort zu tasten. »Und Jeanne war es auch.«

»Ich werde wohl hier sterben«, erwiderte Albert. Es schien, als wolle er den Atem anhalten, sog ihn dann doch wieder hörbar ein.

»Unsere Mutter«, sagte Louis, den Kopf neigend, »hat sich selbst begraben unter unerfüllbaren Wünschen. Und uns unter ihrem Geröll von Ehrgeiz und Zorn. Und unser Vater ist zu früh gestorben.«

In Alberts Stimme war ein verstecktes Lamentieren. »Das hat mich in die Rolle des Nachfolgers gezwungen, die ich gar nicht wollte. Aber sie wollte es, sie, ich hätte es ja in der Musik nicht weitergebracht.«

Louis neigte den Kopf. »Wir alle, wir drei, haben es nicht so weit gebracht, wie wir sollten.«

»Du und Jeanne, ihr seid aufgetreten, man hat euch applaudiert.«

Sie schauten einander forschend an, als suchten sie nach Spuren ihrer Kindheit, in der noch alles möglich gewesen war.

»Ich weiß nicht«, sagte Albert, »wie ich ohne Wein überleben soll.« Er zwinkerte, strich sich eine Träne aus den Augenwinkeln. »Die Ärzte geben mir gute Ratschläge, sie nützen nichts. Wer zu wenig Zuneigung bekommen hat, will den Schmerz darüber vergessen, ihn ertränken in meinem Fall. Das weiß jeder Säufer.« Er zwang sich ein Lachen ab, das eher wie ein Husten klang.

»Marie-Cécile lebt noch«, sagte Louis. »Der Name war immer zu pompös für sie, Marie hätte genügt, findest du nicht auch?«

Alber nickte. »Sie muss einsam sein, uralt und einsam. Auch im oberen Stock riecht es bei ihr penetrant nach Apotheke, nach Tinkturen, nach Spiritus. Ich war zum letzten Mal vor zwei Jahren bei ihr.«

Nun setzte sich auch Louis, schlug umständlich die Beine übereinander, umfasste einen Moment lang beide Knie, als müsse er sich am Weglaufen hindern. »Ich habe dir etwas mitgebracht.« Er griff nach der Kartonrolle, die am Stuhl lehnte, zog ein Blatt daraus hervor und entrollte es, so dass Albert die Zeichnung darauf sehen konnte, sie stellte drei Kinder dar, deren Gesichter viel zu alt waren, sie streckten die Arme aus, bittend oder abwehrend, was sie wollten oder von sich wiesen, war unklar. »Du musst wissen: Ich zeichne sonst kaum je Kinder.« In der unteren rechten Ecke hatte er in steifen Buchstaben, wie fast immer, einen rätselhaften Titel hingesetzt: *Auf dem Weg zum Unvollkommenen.*

Albert schloss einen Moment die Augen, öffnete sie wieder, etwas Schildkrötenhaftes war an ihm. Louis erinnerte sich, wie neugierig, wie aufnahmehungrig Alberts Augen vor fünfzig Jahren geblickt hatten, genau wie die von Jeanne.

»Das sind wir drei, ja?«, fragte Albert. »Wir drei, obwohl wir uns überhaupt nicht gleichen.«

Nun lächelte Louis ganz kurz. »Die Ähnlichkeit ist immer ein Trugschluss. Das weiß ein Maler. Und hinter Kindergesichtern ist alles verborgen, was sich noch zeigen wird. Willst du die Zeichnung, oder willst du sie nicht?«

Albert dachte nach, bedeckte die Augen einen Moment lang mit beiden Händen, schaute erneut, schüttelte dann den Kopf. »Ich will sie nicht. Sie quält mich.«

»Es liegt an dir. Man kann der Qual nur entrinnen, wenn man sich an sie gewöhnt.« Louis zeigte sich in keiner Weise beleidigt. Er rollte das Blatt zusammen, steckte es zurück in die Kartonröhre, verschloss sie mit dem Deckel. All dies tat er mit übertriebener Langsamkeit, wie wenn er dem Bruder die Gelegenheit geben wollte, seine Ablehnung zurückzunehmen.

Es blieb lange still im Besucherraum. Louis schnupperte leicht; hier drin, in diesen Mauern, an der geweißelten Decke schienen sich die scharfen Ausdünstungen der Patienten angereichert zu haben, nicht anders als in Ballaigues, wo man den Anstaltsgeruch gar nicht mehr wahrnahm.

»Wollen wir etwas singen?«, fragte Albert in den leeren Raum zwischen den beiden Brüdern hinein.

Louis erschrak. »Singen? Was denn?«

»*Dona nobis pacem*«, sagte Albert. »Das haben wir doch zu Weihnachten jeweils gesungen. Dreistimmig.«

Er hatte recht, Louis erinnerte sich. Es war kein richtiges Weihnachtslied, wie es in anderen Familien beim Weihnachtsbaum gesungen wurde, aber Marie-Cécile bestand darauf, einen Kanon zu singen anstatt zweistimmig *O du fröhliche* im simplen Terzabstand. Sie sangen es stehend, vor dem Verteilen der Geschenke, zuerst alle unisono, dann mit den richtigen Einsätzen, die die Mutter mit Strenge dirigierte. Schon als Jeanne fünf war, ging es dreistimmig ohne Probleme, und die anwesenden Weihnachtsgäste stimmten mit ein oder hörten zu. Der Vater sang nicht mit, er habe eine schlechte Stimme, behauptete er Jahr für Jahr, und sei ohnehin unmusikalisch, er zündete dafür die Spitze eines Zweigs am Weihnachtsbaum an, ließ ihn eine

Weile glimmen, und während die Kinder sangen, verbreitete sich der Tannennadelgeruch im Salon. Die Glut erstickte er mit seinem Taschentuch, ließ die verbrannten Nadeln zu Boden fallen, den Protest der Mutter quittierte er mit nervösem Lachen und der Bemerkung, ein Eimer Wasser stehe ja in der Nähe. Jahr für Jahr dasselbe Ritual. Als Jeanne zehn war, wollte sie nicht mehr mitmachen, verlangte nach anderen Liedern.

»Dann sing«, sagte Louis.

Und Albert setzte ein mit zittriger Stimme, immerhin in der richtigen Tonhöhe und im richtigen Takt. Nach dem zweiten *pacem* gesellte sich Louis, von vorne anfangend dazu, auch Albert gewann an Sicherheit; zwei Mal sangen sie den Kanon durch, hörten nach einem Zeichen von Louis gemeinsam auf. Beide hatten gemerkt, wie sehr die dritte Stimme – es wäre die von Jeanne gewesen – fehlte, ein zweistimmig gesungener Kanon hatte keinen festen Boden. Was verloren und vergangen war, konnte niemand wiederbeleben; nur die Erinnerung schaffte es, als Abglanz.

»Sie ist nun schon vierzehn Jahre tot«, sagte Louis kaum vernehmlich. Und Albert nickte dazu. Mehr hatten sie einander nicht zu sagen. Louis wollte nichts trinken, er hatte höflich sein wollen, brüderlich, aber es ging nicht. Und so verabschiedete er sich von Albert, leerte nicht einmal das Glas, das vor ihm stand, er hielt es eine kurze Weile in der Hand, ließ das Wasser leicht hin und her schwappen, so dass Reflexe vom Fenster her darüber tanzten, setzte es wieder ab. »Adieu, Albert.« Er gab ihm die Hand. »Auf bald.« Es war gelogen, er wusste, dass er den Bruder nicht wiedersehen würde.

30
Madge, Madge!

Es ist die Jahreswende von 1941/42, das weiß Louis nur vage. Er liegt auf dem alten Bett, das bei jeder Bewegung knarrt, der Amtsvormund hat kein Geld für ein neues bewilligt. Man muss sparen beim wenigen, das die Gemeinde Morges für das Mündel Louis Soutter zahlt. Aber vom Bett aus sieht er durchs Fenster auf laublose Holunderzweige in leichter Bewegung, zwei Amseln wiegen sich auf ihnen. Louis summt die ersten Takte von *Dona nobis pacem*, hört dann abrupt auf. Allein zu singen, geht nicht, was für ein kümmerlicher Klang! Allein geblieben ist er seit seiner Flucht aus Colorado Springs vor vierzig Jahren. So lange ist es her und plötzlich wieder so greifbar nah. Allein in New York, mehr Unglück als im Obdachlosenasyl, in dem er unterkam, war nicht möglich. Er ließ sich treiben in der Fifth Avenue. Er wollte beides sein, ganz für sich und doch unter Menschen. Hatte er das nicht überall angestrebt?

Es fehlt nur noch, dass er es in seinen regellos einströmenden Erinnerungen mit Madge zu tun bekommt, mit dieser verlorenen Liebe voller Unheil. Er wehrt sie ab, doch in der Dämmerung entgeht er ihr nicht. Sie ist immer wieder da, kommt herbei als Geist, als Körpererinnerung. Ach, sie konnte so verführerisch sein!

Madge! Wenn er an sie denkt, wenn er den Namen murmelt, dann summt er in ihm weiter, es ist, als Erinnerung, die Musik des Begehrens, die auch aus seinen Bildern klingt. All die Frauenkörper, die vorgestreckten Brüste, die halb offenen Lippen, und die Männer, die ihnen ausweichen. Und wenn sie sich doch umschlingen, dann ist es heftig und so gnadenlos, dass beide Angst haben müssen.

Madge! Die Sehnsucht ist geblieben, wie groß und wie lächerlich in seinem Alter. Und diese Erinnerungen ausgerechnet in einer Zeit des Krieges, in dem so viele sterben und man sie einfach verscharrt, in einer Zeit, da unter Bomben so viele schreien vor Elend, vor Angst und Schmerzen, so viele Schuldlose verschleppt, gequält, gefoltert werden. Ausgerechnet in dieser Zeit, in der ihm fast nichts mehr übrigbleibt, als auf den eigenen Tod zu warten, ist Madge bei ihm, so nah, so lebendig, dass er glaubt, ihre glatte Haut berühren zu können, ihren Duft in der Nase zu haben, die Mischung zwischen Parfum und ihrem Hautgeruch, in die er hineintauchte, davon besessen, eins zu sein mit dieser Frau, die er nie würde bändigen, geschweige denn beherrschen können. Dies alles ist nicht vergangen, es ist noch da, es hält den Schreckensbildern stand, die er trotzdem malen muss, wie wollte er ihnen sonst entgehen? Er war vierundzwanzig, er hatte es vorausgeahnt, Jeanne und er hatten einander oft genug angeschaut und gewusst, dass sie, was sie in ihren Augen lasen, nicht tun durften. Bei Madge verlor er alle Hemmungen. Das war für getaufte Christen die ärgste Sünde; sie lachten darüber, versprachen aber doch einander die Heirat, sofern Madges Eltern einverstanden wären. Ysaÿe durchschaute, was sich zwischen den beiden abspielte und warum weitere Fortschritte plötzlich ausblieben. Er mahnte sie, neben der Liebe ihre musikalische Zukunft nicht aufs Spiel zu setzen. Sie stimmten ihm zu, konnten aber nicht voneinander lassen, umso mehr, als Louis dem Lehrer stockend bekannte, es ziehe ihn mittlerweile eher zur Malerei als zur Musik. Ysaÿe widersprach nur lau, die Disziplin, die er von Louis erwartete, brachte dieser ohnehin seit Monaten nicht mehr auf. Und dass die lodernde Anziehung zwischen den beiden je ermatten würde, glauben so heftig Verliebte nicht.

Dennoch kam es zum ersten tiefgreifenden Streit zwischen Louis und Madge. »Dann verbrenne doch deine Geige!«, schrie sie ihn an, als er ihr sagte, er wolle nach Genf, vielleicht nach Paris, um in den Kunsthochschulen zu lernen, das ziehe ihn jetzt mehr an als die Musik. »Du wirfst weg, was du gelernt hast. Das ist doch Unsinn, kindisch ist es! Du rennst bloß vor deinem Versagen davon!« Als er sie zu umarmen versuchte, schlug sie ihm ins Gesicht, stillte dann aber sein Nasenbluten mit einem Zipfel ihres Rocks, und als er ihr halbnacktes Bein sah, wusste er, dass er sie verführen musste, um ihren Zorn zu beschwichtigen, so viel hatte er bei ihren ersten Auseinandersetzungen schon gelernt. Sie stieß ihn weg, doch dann liebten sie sich, quer auf der Matratze liegend, so heftig, so bedingungslos, als wäre es das erste oder das letzte Mal.

Sie ließ ihn nach Lausanne ziehen, wo er bei Charles Koëlla Malkurse besuchte und wieder bei den Eltern in Morges wohnte, vorübergehend, wie er betonte. Es war die Zeit der großen Hoffnungen. Er wollte Madge, die in Brüssel weiterstudierte, seinen Eltern vorstellen; sie weigerte sich monatelang, dieser bourgeoisen Konvention zu gehorchen, dann fuhr sie doch Weihnachten 1895 von Brüssel nach Morges. Drei Tage und Nächte verbrachte sie in Louis' elterlichem Haus. Er hätte voraussehen können, wie schwierig diese Begegnung werden, wie kläglich sie enden würde. Er hatte der Mutter von Madge erzählt, ihr Talent gerühmt, jedoch ihre Schönheit, ihren Charme verschwiegen. Vom ersten Augenblick an standen sich die beiden Frauen, Marie-Cécile und Madge, reserviert gegenüber. Vergeblich versuchte Louis, zwischen der Mutter und seiner Verlobten – ja, sie trugen Ringe – zu vermitteln. Schon am ersten Abend verwandelte sich die gegenseitige Kälte in schlecht überspielte Feindseligkeit. Marie-Cécile hatte, zu Ehren des amerikanischen Gastes, ihr Kaninchenragout gekocht, für das sie weiterum gerühmt wurde. Madge begnügte sich mit einer kleinen Kostprobe, man sah ihr an, wie schwer es ihr fiel, diesen Bissen zu schlucken. In ihrem schlechten Französisch erklärte sie, sie habe als Kind ein Kaninchen großgezogen, es sei ihr geliebter Spielgefährte gewesen, sie müsse, ob sie wolle oder nicht, vor einem Topf mit Kaninchenfleisch daran denken. Dabei stiegen ihr Tränen in die Augen, was Marie-Cécile genau beobachtete. »Wir können uns in unserem Land solche Sentimentalitäten nicht leisten«, sagte sie mit scharfer Betonung, »Kaninchen sind bei uns Nutztiere.« Louis wusste, dass dies eine Kriegserklärung war. Madge erwiderte sie, indem sie auch das Kartoffelpüree zurückwies; es sei ihr leider zu heiß und zu fettig, sagte sie, dafür trank sie schon das dritte Glas vom einheimischen Wein, und ihre Wangen begannen zu glühen.

Für Marie-Cécile war es klar, dass die Verlobten nicht im gleichen Zimmer schliefen, man musste Anstand und Würde des Hauses respektieren, auch wenn sie davon ausging, dass die beiden es in Brüssel anders gehalten hatten. Louis opponierte nicht dagegen. Er schlief in seinem ehemaligen Zimmer und fror unter zwei Decken, für Madge hatte man im oberen Stock das Gastzimmer eingerichtet. Beide sehnten sich nacheinander, Louis war aber dagegen, dass sie heimlich die Treppe hinauf- oder hinuntertappten. Er sei bloß zu feige, um der Mutter entgegenzutreten, flüsterte Madge ihm am nächsten Morgen zu, als sie beim Frühstück kurz zu zweit waren. Nein, flüsterte er zurück, nachts durchs Haus zu schleichen, sei in seinen Augen erniedrigend.

Den Tag verbrachten sie mit Besuchen bei Verwandten, wo Madge sich viel offenherziger und gesprächiger zeigte. Sie schwang beim Lachen ihre Locken hin und her und war froh, wenn sie Englisch sprechen konnte.

Am Abend dann die große Weihnachtseinladung. Man sang die üblichen Weihnachtslieder, fünfzehn Leute, darunter einige Nachbarn, hatten sich versammelt. Madge stach hervor mit ihrem hellen Sopran, sie kannte wohl die Melodien, nicht aber die fremde Sprache, sie half sich damit, dass sie alles auf a und o sang und provozierte damit Marie-Cécile, die am Klavier saß, zu einem demonstrativen Kopfschütteln. Danach fragte Madge beinahe überhöflich, ob Madame Soutter sie nicht zum einen oder anderen Weihnachtslied begleiten wolle, sie habe Noten dabei. Sie verschwand und kam nach kurzer Zeit zurück mit *Montez à Dieu* von Gounod, das sie in ihrer Ledertasche mitgebracht hatte. Marie-Cécile blickte kurz in die Partitur, sagte dann, sie kenne das Lied nicht, sie werde vom Blatt spielen.

»Allzu schwer ist es nicht, das klappt sicher mit Ihnen«, entgegnete Madge, und die beiden Frauen musterten sich feindselig.

Marie-Cécile setzte sich an den Flügel, intonierte die vollgriffige Einleitung in Triolen, Madge stand in ihrem weißen Rüschenkleid daneben und setzte jubilierend mit »Montez à Dieu, chants d'allégresse!« ein, übertönte mit Leichtigkeit das Klavier. Als sie zur Stelle kam: »Le ciel entier frémit d'ivresse«, schien sie am ganzen Körper vor Freude und Leidenschaft zu beben, während die Pianistin geradezu ältlich wirkte und um eine Spur dem Gesang hinterherhinkte. Nach »Voici le jour! Voici le jour!«, verstummte Madge plötzlich, zur Überraschung der Zuhörer.

Marie-Céciles Finger stockten, auch sie hörte auf zu spielen.

»So geht das nicht, Madame«, sagte Madge erregt, »Sie halten ja gar nicht mein Tempo.«

Man hörte deutlich das Einatmen Marie-Céciles. »Und Sie singen für mein Gefühl viel zu laut.« Sie tippte auf eine Stelle in der Partitur. »Sehen Sie denn nicht das p hier, das Piano?«

»Ich singe auswendig, Madame«, gab Madge zurück. »Und bei mir kommt es auf den richtigen Ausdruck an.«

»Ach so«, machte Marie-Cécile, an der Grenze zum Hohn, »und den habe ich nach Ihrer offenbar maßgeblichen Meinung nicht.«

An dieser Stelle hätte Louis, der angespannt ganz hinten im Salon saß, gern eingegriffen, aber er fand die Worte nicht und sah die Katastrophe kommen.

»So hat das keinen Sinn!«, rief Madge mit einer Stimme, die weit dunkler klang als ihr Sopran. »Da mach ich nicht mehr mit.« Sie drehte sich um, verließ aufgebracht den Salon.

»Sie hat recht!« Marie-Cécile schloss mit einem Knall den Klavierdeckel. »So hat das keinen Sinn.« Sie stand, während im Salon ein verlegenes Gemurmel begann, ruckartig auf, glättete mit beiden Händen ihren gebauschten Rock und ging im Eilschritt ebenfalls hinaus, es wirkte so, als wolle sie Madge verfolgen.

Louis hatte das Bedürfnis, die Gemüter zu besänftigen. Aber wie? Für wen sollte er Partei ergreifen? Er blieb sitzen wie festgebannt; Jeanne, eine Reihe vor ihm, drehte sich zu ihm um und legte einen Finger auf den Mund.

Als seine Mutter sich beruhigt hatte und zurückgekommen war, sprach sie ihn über zwei Stuhlreihen hinweg mit erzwungener Freundlichkeit an: »Wenn es deine …«, sie stockte, »deine Begleiterin mit mir nicht aushält, dann vielleicht du?«

Er rang um Worte. »Ich singe nicht und spiele kaum noch … wie du ja weißt. Ich male jetzt.«

Sie schwieg, ließ einfach, wie so oft, ihren fordernden Blick auf ihm ruhen.

Er schaute sie mit undeutbarer Miene an. »Mozart, die e-Moll-Sonate. Wenn schon, dann die.«

Sie nickte. »Ich weiß, dein Lieblingsstück.«

Sie suchte im Schrank die Noten, gab Louis die Violinstimme. »Dann hol jetzt deine Geige. Die Gäste wollen uns zuhören.«

Er ging in sein Zimmer, wo der Geigenkasten unter dem Bett lag. Seit Wochen hatte er nicht mehr gespielt. Aber er stimmte das Instrument, er ging zurück in den Salon. Die Mutter hatte eine Macht über ihn, die er nicht durchbrechen konnte. Die Gäste applaudierten. Louis schien es plötzlich, als rieche es im Salon nach Flieder, es war Madges Parfum, das noch im Raum hing. Mutter und Sohn fingen zu spielen an. Der Vater saß bedrückt in der ersten Reihe, Jeanne war nicht mehr da. Louis spielte schlecht, mit ungenügender Intonation, die er erst bei der Wiederholung des ersten Satzteils verbessern konnte. Es war Routine, die ihn durchhalten ließ, am liebsten hätte er die Geige auf den Boden geworfen. Die Mutter merkte es wohl, spielte aber ungerührt ihren Part. Danach gab es Applaus, sogar vom Vater, der nach dem Schlussakkord aus seinem Halbschlaf aufgeschreckt war.

Unerwartet ergriff Louis das Wort: »Diese Sonate hat Mozart geschrieben, als seine Mutter im Sterben lag ... So heißt es doch, nicht wahr?«

Niemand sagte ein Wort, auch Marie-Cécile schien der Atem zu stocken. Dann sagte sie leichthin, sogar mit einem Lächeln: »Ja, deshalb steckt darin diese wunderbare Traurigkeit.«

Man begann zu trinken, griff nach den belegten Brötchen, die das Dienstmädchen anbot. Louis ging ohne Abschied hinaus, ließ die Geige auf dem Flügel liegen. Er wusste nicht, ob er Madge oder Jeanne suchen sollte. In seinem Zimmer knöpfte er das Hemd auf, befreite sich von der Krawatte, warf sie aufs Bett, wo sie lag wie eine halb zusammengerollte Schlange, er legte sich daneben, gab keine Antwort, als jemand an die Tür klopfte. Aber sie wurde geöffnet, herein kam Jeanne, setzte sich wortlos zu ihm und legte ihre Hand auf seine Stirn.

»Das war schlimm«, sagte er.

»Ich war oben bei Madge«, erwiderte Jeanne. »Sie will so schnell wie möglich abreisen. Sie erfriere in diesem Haus, sagt sie.«

Louis schwieg

Jeanne straffte sich, nahm ihre Hand von seiner Stirn weg. »Sie ist eine stolze Frau. Bist du ihr gewachsen?«

»Ich werde es lernen«, sagte er.

Im Zimmer war es dunkel geworden, es ging gegen Abend. Jeanne wollte Licht machen, doch Louis wehrte mit einer Gebärde ab, er wollte keine klaren Konturen mehr sehen.

»Soll ich bei Madge bleiben?«, fragte er. »Soll ich mit ihr nach Amerika?«

Jeanne seufzte unwillig. »Niemand schreibt dir vor, was du tun sollst. Du entscheidest allein.«

»Ich weiß nicht, wohin das führt.« Louis sprach in die Handfläche hinein, die er auf den Mund gelegt hatte wie ein kleines Kind, das die Wahrheit nicht sagen will.

»Das siehst du dann.« Jeanne stand auf. »Geh jetzt zu Madge, sie wartet auf dich.«

Er tat, was Jeanne wollte, er ging, während vom Salon her wieder Musik erklang, in den oberen Stock, ohne Krawatte, mit einem vom Liegen zerknitterten Hemd.

»Deine Mutter und ich«, sagte ihm Madge, als er bei ihr lag, »werden miteinander nicht auskommen. Das ist wie Feuer und Wasser.«

»Ihr könntet es doch wenigstens versuchen«, sagte Louis.

Madge fuhr sich heftig durchs Haar und dann durch seines. »Nein. Wir sind Feinde. Wir sind im Krieg. Wir kämpfen um dich. Das hast du doch gemerkt.«

Louis brachte ein unglückliches Lachen zustande. »Könnt ihr euch nicht wenigstens auf einen Waffenstillstand einigen?«

»Hier nicht«, sagte Madge. »Komm mit mir nach Colorado Springs, dann wird alles gut.«

31
Der alte Mann, der junge

Der alte Mann schaut aus dem Fenster, was er doch so oft vermeidet, alles, was Fels und Baum ist, Wolkenwirrnis, blendende Sonne, kann ihn plötzlich bestürzen. Aber ebenso will er den Erinnerungen entrinnen, die ihn wie unter einem Vergrößerungsglas heimsuchen, will Madge entrinnen, der Geliebten, seinem schwarzen Engel. Er ist mitgegangen nach Colorado Springs, und nichts ist gut geworden. Er war dieser Frau nicht gewachsen, auch nicht der verstörenden Fremdheit eines anderen Lebens, in das er hineinstolperte. Madges Vater, der Bankier, empfing ihn mit kalter Reserve, ihre zarte Mutter versteckte sich hinter ihm. Louis wurde taxiert, ob er der richtige Bräutigam sei, die Zweifel des Vaters konnte er, zu schmal neben dem breitschultrigen Mann, nicht beseitigen; allein dieses Missverhältnis machte ihn zu einem, der Madge, der verwöhnten Tochter, zu viel schuldig blieb.

Seine Aufgabe war es von Anfang an, ihre Ziele zu seinen zu machen und damit auch dem Vater zu gefallen, der das neu gegründete *Department of Art* am College finanzierte, mit Madges Verlobtem als Direktor und ihr selbst als seiner engsten Beraterin.

»Dafür bin ich nicht geeignet.« Hundertmal versuchte Louis, ihr dies klarzumachen, in allen Tonlagen von Argumentieren bis hin zu lautem Widerspruch und zur Beschwörung, dass ihre Liebe doch wichtiger sei als seine Stellung.

»Unterschätz dich nicht auf diese traurige Weise«, maßregelte sie ihn, »du bist jung, begabt, lernfähig. Trau dir doch endlich etwas zu!«

Er gab nach beim zehnten oder zwanzigsten Streit, er hatte ja kaum etwas anderes gelernt, als nachzugeben, sobald es hart auf hart ging. Er eignete sich das amerikanische Englisch nur mit Mühe an, er hatte zwar ein gutes Ohr, aber keines für die Aussprache, die er als gequetscht empfand; auch nach drei, vier Wochen gelang es ihm kaum, einer einfachen Konversation im Hause Fursman zu folgen, geschweige denn, sich an ihr zu beteiligen. Wie sollte er da ein *Art Department* leiten? Madge lachte, sie schimpfte ihn aus wie einen bockigen Jungen, umarmte ihn gleich darauf, und ihrer Hitze, ihrem Lustdrang, der ihr den Schweiß aus den Poren trieb, konnte er nichts entgegensetzen, er tat ihr mit Händen und Zunge wohl, wie sie es forderte, denn sie war auch hier seine Lehrmeisterin, obwohl sie behauptete, sie sei vor Louis Jungfrau gewesen. Es war nun sehr anders als bei ihren ersten Liebesversuchen in der Brüsseler Mansarde, sie gab unbekümmert Laute der Lust von sich, die bestimmt im ganzen Haus zu hören waren.

Bisweilen spielten sie zusammen Geige; es war die einzige Gelegenheit, bei der sich Louis seiner Verlobten überlegen fühlte, er bestand darauf, die erste Stimme zu übernehmen. Im *Duo Concertant* von Berwald gelangen ihm die virtuosen Sechzehntel-und Doppelgriffpassagen besser als ihr, das sah sie widerwillig ein. Madge überzeugte den Vater, Louis mit der Leitung des *Art Department* – provisorisch, betonte er – zu betrauen. Dabei würde es ja vorwiegend um den Zeichenunterricht für Absolventinnen der Highschool gehen: Perspektive, Physiognomie, Landschaftsformen. Louis hatte dies bei Charles Koëlla genügend geübt.

Die Stadt mit all ihren Neubauten, das grasige, zum Teil schon steppenartige Umland, auch der *Garden of God* mit seinen zerklüfteten, von der Natur geschaffenen roten Sandsteinskulpturen blieben ihm fremd; er sehnte sich schon bald nach dem Genfer See und den Bergen am anderen Ufer. Doch das kümmerte Madge nicht. Man feierte die Hochzeit mit Pomp, die Fursmans hatten über hundert Bekannte eingeladen, die opulent bewirtet wurden, mit Rindfleisch von den Rocky Mountains, mit gebeiztem Truthahn und Rotwein aus Kalifornien. Als der Schwiegervater das Glas zum Toast erhob, erwartete man ein Loblied auf den schweigsamen Schwiegersohn. »*He is so shy*«, flüsterte eine Dame im eleganten Kostüm der Nachbarin zu. Doch Mister Fursman, Bankier, bekannter Bürger von Colorado Springs, gab lediglich seiner Genugtuung Ausdruck, hoffentlich bald einen Erben in seiner Familie begrüßen zu können, es war ein klarer Auftrag an die beiden Jungverheirateten, den Madge mit einem stürmischen Lachen quittierte, zum Beifall der Hochzeitsgesellschaft.

Schon fast Nacht im Asyl von Ballaigues, die Dunkelheit bedrückt Louis nicht, sie öffnet neue Räume, einen hinter dem anderen, Bilder der Vergangenheit, gemildert durch zerfasernde Konturen. So muss man malen, die schwächer werdenden Augen zeigen ihm, was er noch sehen will.

Die erste Zeit jenseits des großen Teiches, wie sein Bruder den Atlantik stets genannt hatte, war überladen von Erwartungen, unter denen er litt. Aber er hielt sich aufrecht, er tat, was Madge und ihr Vater, was seine Malklassen von ihm verlangten, lauter Unbegabte und Übereifrige, er ging zwischen ihnen hin und her, wenn sie den ausgestopften Fuchs wiederzugeben versuchten, den er aus dem Ortsmuseum beschafft hatte, er korrigierte Proportionen, half beim Farbenmischen, redete so leise, dass man ihn kaum verstand. War er denn überhaupt fähiger als sie, verdarb er nicht den Gesamteindruck, wenn er mit dem groben Pinsel ein Fell hier oder dort struppiger zu machen versuchte? Die jungen Frauen kicherten hinter seinem Rücken, erstarrten aber, wenn er doch einmal die Stimme erhob.

»Sei souveräner!«, verlangte Madge, die seinen Lektionen häufig beiwohnte. »Du verkaufst dich miserabel, zeig ihnen, wer du bist!«

Er versuchte es, bemühte sich, es Madge recht zu machen. Sie hörten nicht auf ihn. Er zog sich in sich selbst zurück, setzte sich an sein Pult und schwieg. Hinterher Madges Vorwürfe: »So geht das nicht, überhaupt nicht!« Er wandte den Blick von ihrem Mund ab, in dem sich, sobald sie ihn öffnete, ihre makellosen Zähne zeigten, die sie jeden Abend und Morgen im Badezimmer putzte, er hörte es vom Doppelbett aus. Geräusche vom energischen Bürsten, dann Gurgeln, Spucken, laufendes Wasser, lautes Schnaufen, Pfefferminzgeruch, der sich durch die halb offene Badezimmertür im Schlafzimmer verbreitete, ja, die Hygiene war weiter fortgeschritten in Colorado Springs als in Morges. Louis' Zähne hatten in der Jugend gelitten, er hatte sie, gegen den Rat des Vaters, sträflich vernachlässigt, nun war er erst Mitte zwanzig und sie hatten eine gelbe Färbung angenommen, obwohl er wenig rauchte, zwei Stockzähne waren ihm bereits gezogen worden. Gegenüber Madges blitzblankem Gebiss fühlte er sich so unterlegen, dass er es aufgab, ihr nacheifern zu wollen. Nur Zahnpasta drückte er manchmal auf die Zunge, damit sein Atem besser roch, denn es kam häufig vor, dass sie ihn unbedingt küssen wollte und ihre Zunge zwischen seinen Zahnreihen Einlass suchte. Seine Taktik war, ihr den Rücken zuzukehren und den Schlafenden zu mimen. Es nützte nichts. »So werden wir nie ein Kind bekommen!«, herrschte sie ihn an und versuchte, ihn umzudrehen. Sie zog ihm die Pyjamahosen herunter und setzte sich, zwischen Neckerei und Ärger, nackt auf ihn. Und wenn seine Erektion, die sie mit Handarbeit erreicht hatte, wieder schwand, rollte sie sich von ihm herunter und wandte nun ihm den Rücken zu.

Alle paar Wochen erkundigte sich die Schwiegermutter vorsichtig bei Madge, ob die Regel ausgeblieben sei. Sie saßen gewöhnlich zu dritt am Frühstückstisch, ohne den Hausherrn, und Madge im türkisblauen, weit offenen Morgenmantel antwortete darauf mit heftigem Kopfschütteln. Beide Frauen schauten anklagend auf den Mann, der also auch als Erzeuger zu versagen schien, denn schon nach dem ersten halben Jahr hatte sich im *Department of Art* das Gerücht verbreitet, der Neue, der Europäer, tauge weit weniger als erhofft, er mache den Anschein, sich vor den Studierenden verstecken zu wollen. Mit dem Bankier, der ohnehin meist abwesend war, gab es deswegen keine Auseinandersetzung, die beiden Männer wichen einander aus.

Aber Madges spöttische Anspielungen, ihre verbalen Attacken ertrug Louis kaum noch. So blieb er oft bis tief in die Nacht im College-Büro, über eigene Zeichnungen gebeugt, von denen er nicht wusste, was sie bedeuten sollten. Oder er bereitete halbherzig seine Kurse mit Stichwörtern auf losen Zetteln vor. Was wusste er denn noch über Perspektive und Fluchtpunkte? Doch die Geige war bei ihm. In tiefer Dunkelheit, wenn er sicher war, allein im Gebäude zu sein, ließ er sie erklingen, nie zufrieden mit dem Ton und seinen Improvisationen und doch auf eine Weise in dieser Musik zu Hause wie nirgends sonst, sie öffnete ihm Räume, die niemand außer ihm betreten sollte, vor allem Madge nicht.

Stets von neuem wurde ihm klar, wie schlecht, wie verdammenswert er im Grunde war. Einmal, als er gegen Mitternacht in die Wohnung zurückkehrte, lag Madge weinend im Doppelbett, er hörte die Laute schon hinter der geschlossenen Tür. Die kleine Nachttischlampe brannte. Sie war nackt, hatte die Decke, zur Wand gewendet, halb über sich gezogen. Sie hatte ihn eintreten hören, obwohl er nach zwei Schritten wie gebannt stehen geblieben war, und fuhr mit einem rasselnden Atemgeräusch herum. »Geh, geh, verschwinde!«, schrie sie ihn an. Dann schraubte sich ihre Stimme noch weiter in die Höhe: »Oder mach mir ein Kind! Mach mir endlich ein Kind!« Und plötzlich schnellte sie auf. »Ja, komm, komm zu mir!« Sie rutschte an den Bettrand, streckte bittend, nein, flehend die Arme nach ihm aus. Er konnte nicht, er schüttelte ohne ein Wort den Kopf, und ihr Zorn entflammte von neuem, sie sprang auf die Füße, sie packte ihn keuchend am Hemd, gelangte durch den Ausschnitt zu seiner Haut, kratzte sie auf. Er stieß sie von sich weg und floh in die Küche, wo er außer Atem auf einen Stuhl sank, sein Weinen war leiser als ihres, das wieder anfing und sich zu einer Art Heulen steigerte. Die Kratzwunden brannten, er hatte nichts, um das Brennen zu lindern.

Danach wurde der Drang übermächtig, diesem

Ort, dieser Gesellschaft, die ihn verstieß, den Rücken zu kehren. Er schiffte sich ein, gelangte nach Europa, versteckte sich eine Weile in Paris bei einem Bekannten aus der Genfer Zeit, dann meldete er sich doch bei seiner Familie. Von der Mutter kam ein Telegramm: »Kehre zurück nach Amerika, zu deiner Frau, du weißt doch, wo du jetzt hingehörst.« Aber genau diese Gewissheit hatte er nicht.

Die Erinnerungen sind undeutlich, zerfahren; in dieser Nacht, vor dem schwarzen Fenster in Ballaigues, tun sie, was sie wollen. Manchmal kommt er sich auch verpuppt vor, gefangen in einer Verwandlung, die nicht stattfindet, denn früh am Morgen, wenn das Heim erwacht, wenn es überall zu husten, zu schimpfen, zu klagen beginnt, ist er wieder der Gleiche, Louis Soutter, Insasse, verfolgt von finsteren Visionen, die er nicht loswerden kann, auch wenn er sie auf Papier bannt.

Er kehrte für wenige Wochen zurück zu ihr. Es ging einfach nicht, ein Kind hätte sie vielleicht wieder zusammengeführt. Ihr beidseitiges Verhalten entglitt immer mehr der Kontrolle. Madges Hieben wich er aus, sie biss ihn, er schrie, wehrte sich seinerseits mit Tritten, mit Ohrfeigen. Bis er sie eines Nachts würgte und erst in Panik losließ, als sie erschlaffte. Das genügte. Sie zeigte ihn an wegen

Körperverletzung, sie reichte die Scheidung ein; dabei hatte sie ihn ebenso übel traktiert wie er sie, aber was half es, sich rechtfertigen zu wollen? Er verachtete sich selbst dafür, dass er sie misshandelt hatte. Seine Hände gehorchten ihm nicht mehr, verweigerten ihm beim Zeichnen den Dienst. Einen Abschied gab es nicht, mit der Scheidung war er einverstanden, er unterschrieb alle Papiere, die ihm ein Anwalt hinschob. Nein, er wollte nichts von den Fursmans, gar nichts, das gebot ihm sein Stolz.

Erneut die Flucht übers Meer. Im stickigen Unterdeck wurde er ernsthaft krank. Auf dem Dampfer, der mehr Frachtgut als Menschen beförderte, gab es keinen Arzt. Er glitt in Fieberträume, und wenn er auffuhr und um Hilfe rief, kam höchstens der Steward aus dem Oberdeck zu ihm und flößte ihm Tee ein. Aber er spuckte alles aus, besudelte das Leintuch auf seiner Pritsche, wie Wasser lief es auch aus seinem Darm. Die drei anderen, die die Koje mit ihm teilten, beschwerten sich über den Gestank, man verlegte Louis, bei rauhem Seegang, in eine Zelle, in der sonst renitente Passagiere und Matrosen eingesperrt wurden. Es könnte Fleckfieber sein, sagte eine ältere Frau, offenbar eine Krankenschwester aus New York, die der Steward herbeibrachte, sie empfahl kalte Umschläge mit essigsaurer Tonerde, die es auf dem Schiff nicht gab. Louis griff im Halbdelirium nach ihrer Hand, hielt sie fest; empört riss sie sich los. Louis fühlte sich leer wie noch nie, geschrumpft. Gab es ihn überhaupt noch? Alles tat ihm weh, die Hitze wollte ihn verzehren, der Juckreiz am Rücken war unerträglich. Es dauerte Tage, bis er abklang, bis auch das Fieber zurückging und er nicht mehr unsichtbare Feinde beschimpfte. Es war also nicht Typhus, was ihn an den Abgrund getrieben hatte, sondern wohl eine Art Zusammenbruch. Der Wind pfiff durch die schmale Öffnung des kleinen Kippfensters. Am achten Tag landete das Schiff in Le Havre. Louis musste erst eine Woche in Quarantäne bleiben; zu spät merkte er, dass er sein Skizzenbuch neben dem Krankenlager vergessen hatte. Die Geige immerhin hatte er mit an Land gebracht, er war mit ihr über den Steg getorkelt wie ein betrunkener alter Mann. Niemand mehr redete ihm ein, dass er noch eine Zukunft vor sich hatte, man ließ ihn weitgehend allein. Lange liegt dies alles zurück, Jahrzehnte. Manchmal weiß er nicht mehr, wo jetzt seine Gegenwart ist, denn auch das Bett in Ballaigues mit der dünnen Matratze scheint zu schwanken, und ihm wird schlecht davon, bis er sich zum Aufstehen zwingt, sich am Bettgestell festhält, tief ein- und ausatmet und wieder weiß, dass er auf festem Boden steht.

Mit anderen Männern, die auf die ärztliche Einreiseerlaubnis warteten, teilte er in Le Havre das Zimmer, das an Decke und Wänden schmutzig gelb gestrichen war. Noch jetzt verabscheut er diese Farbe. Für Momente ist er wieder in Le Havre, er schaut sein Gesicht im fleckigen Wandspiegel an, argwöhnisch beobachtet von den anderen. Kann es sein, dass er so stark abgemagert ist, dass seine Züge so eingefallen sind? Wenn er sein Hemd aufknöpft und an sich hinunterschaut, erkennt er die Rippen, die sich hart unter der Haut abzeichnen. Ich habe Hunger, sagte er sich und mochte doch kaum etwas vom Gulasch essen, das die Sanitätspolizei ihnen vorsetzte. Den Magen wirklich zu füllen, brachte er auch später nicht mehr zustande. Nur die Grieben waren in Ballaigues lange Zeit sein Trost. Auch auf sie verzichtet er jetzt, niemand kann ihn zwingen, die Erinnerungen mit schweren Speisen zu verbannen. Soll er jetzt noch, in diesem Zustand, malen? Nein, er mag nicht mehr. Aber die Fingerbeeren sind schwarz, und schwarz werden sie bleiben.

32
Der Vater

So kam Louis, vor vierzig Jahren, wieder zurück nach Europa. Dieses Mal endgültig, er wusste es. Zuerst nach Paris, da konnte er sich in der Häusermasse verstecken. Nachdem er fast sein ganzes Geld, die Dollars aus den Staaten, ausgegeben hatte, wollte er Benjamin Constant aufsuchen, der Louis einst im Malen von Wolken unterrichtet hatte. Doch dessen Atelier, das er mit Mühe wiederfand, war von einem anderen, ihm unbekannten Maler besetzt; Constant, erfuhr Louis zu seiner Bestürzung, sei im Vorjahr gestorben. Ein Schweizer Landsmann, René Auberjonois, wohne aber ganz in der Nähe. Ihn kannte Louis von der *Ecole Industrielle* in Lausanne. Er fragte sich zu seiner Adresse durch. Erst beim zweiten Versuch traf er den ehemaligen Schulfreund an, der zuerst, wie Louis, Geige hatte studieren wollen, dann die Malerei gewählt hatte. Auberjonois erschrak bei Soutters Anblick, wie alle alten Bekannten. Louis wusste, dass er mit seinen eingefallenen Zügen immer mehr einem Eremiten glich.

»Du bist ja ein Schreckgespenst für Kinder«, versuchte Auberjonois zu spotten.

»Ich habe keine Kinder«, entgegnete Louis.

Er blieb ein paar Tage bei Auberjonois, er aß fast nur klare Suppe und schob die Hähnchenreste, die darin schwammen, an den Tellerrand. Aber Madge und das, was sie ihm bedeutet hatte, konnte er nicht weghungern, in der Erinnerung an ihre erste rauschhafte Zeit schlief er manchmal ein. Wie war aus so viel Glück das tiefste Unglück entstanden? Er wusste es nicht.

Louis versprach Auberjonois, das geliehene Geld später zurückzuzahlen, dann reiste er nach Morges, wohin denn sonst? Die Mutter wollte ihn nicht sehen, das ließ sie durchs Dienstmädchen ausrichten, das den brandmageren Mann erst für einen Fremden hielt; aber er könne vorübergehend in seinem alten unbenutzten Zimmer bleiben. Nach zwei Nächten, die er beinahe schlaflos verbracht hatte, ließ sie ihn in ihren Salon rufen. Da thronte sie auf ihrem rotgepolsterten Sessel, im Morgenmantel aus Seide, sie musterte ihn, sagte nichts, atmete nur ein wenig rascher. Und als er um finanzielle Hilfe, eine Art Erbvorbezug bat, reagierte sie mit bitterer Ablehnung; was man in ihn, den eigentlich begabten Sohn, investiert, was er verschwendet habe, übertreffe eine übliche Vorerbschaft bei weitem. Er könne beim kranken Vater nachfragen, der im unteren Stock vor sich hin leide, während Albert die Apotheke nun voll verantwortlich übernommen habe. Aber Louis scheute davor zurück. Er war ja selber schwach und angegriffen und wusste, dass er es nicht ertrug, vertraute Personen krank zu sehen. Die Machtlosigkeit gegenüber dem möglichen Sterben des Vaters verstörte ihn, es gab den Zwang in ihm zu erkennen, was der Tod ist: ein Verschwinden, mehr können wir nicht wissen.

War es ein Bittgang, der ihn dennoch zum Vater führte? Der letzte Versuch, ihn für sich zu gewinnen? Abgewiesen wie später die Mutter hatte er den Zweitgeborenen nicht, aber doch weitgehend ignoriert. Und nach Louis' gescheiterter Karriere als Violinist waren sie einander ausgewichen.

Er näherte sich mit Vorsicht dem Hinterzimmer, das man dem Schwerkranken im unteren Stock eingerichtet hatte, er musste zuerst die Apotheke durchqueren, die am Sonntag nur für Notfälle geöffnet wurde, diese vertraute Geruchswelt zwischen Saurem und Stechendem. Der Stuhl vor der Tür, auf dem sonst die Pflegerin Wache hielt, war leer. Auch Albert, den er bisher gar nicht getroffen hatte, blieb sonntags der Apotheke fern. Louis klopfte an die Tür mit dem gesprungenen Lack, er hörte keine Antwort, trat, trotz des Knarrens, so leise wie möglich ein und hielt einen Moment den Atem an, denn der Geruch erinnerte ihn an das überfüllte Quarantänezimmer in Le Havre. Das Märzlicht, das durch das kleine Fenster fiel, war schwach, auch über Mittag, er sah ihn kaum, den Vater, fast ganz verschwand er unter einem voluminösen Deckbett, sein Kopf lag seitlich auf dem Kissen. Das laute Schnaufen beängstigte Louis. Er beugte sich über den Kranken, roch die üble Ausdünstung.

»Papa«, sagte er mehrmals, leise erst, dann, sich überwindend, lauter. »Papa, ich bin's, Louis.«

Der Kranke reagierte nicht, das Schnaufen hielt unvermindert an. Louis kniete nieder, um auf gleicher Höhe wie der Vater zu sein. Er berührte dessen schweißnasse Stirn, die Wange. »Papa« ging ihm schwer über die Zunge und wurde doch, mehrmals ausgesprochen, zu einer Art Beschwörung. Der Vater seufzte, drehte sich mühsam auf die andere Seite, kehrte dem Sohn den Rücken zu. Auf dem Nachttisch stand eine Kanne mit Tee, daneben eine halbvolle Tasse.

Louis hatte jetzt den Hinterkopf des Vaters vor Augen, an dem graue Haarsträhnen klebten.

»Papa«, sagte er leise, fast unhörbar, »ich weiß nicht mehr, was ich soll. Ich bin nicht mehr mit Madge zusammen … Ich bin unfähig, mein eigenes Geld zu verdienen … Darum … vielleicht …«

Er erschrak über diese halben Sätze, brach beschämt ab. Er war doch gekommen, um dem Vater gute Besserung zu wünschen, oder nein, die Wahrheit war: um sich von ihm zu verabschieden, denn er spürte in allen Fasern, dass er vor einem Sterbenden kniete. Aber er wollte es nicht wahrhaben und konnte doch dem, wovor er sich fürchtete und was ihn zugleich so verstörend anzog, nicht entgehen. Auch jetzt, in Ballaigues, ist es wieder so, zu Beginn des Kriegsjahres 1942, da das Klagen der vielen ihm keine Ruhe lässt. Seine Finger gehorchen ihm nicht mehr, die Augen sehen immer weniger, aber die eingeschränkte Außensicht zwingt ihn dazu, die inneren Bilder freizulegen.

Vor dem Vater ging er auf die Knie, in seinem kalten Geburtshaus. Nur Jeanne erwärmte ihn, sie, die ihm seit langem am meisten fehlt. Er sieht sie vor sich, als wäre es gestern, lebhaft und schön, fordernd auf eine Weise, vor der er sich, anders als bei Madge, nicht verschloss, obwohl er das Ungebärdige, das Selbstzerstörerische auch bei der erwachsenen Jeanne erkannte.

Dass ihm nun so viel durcheinandergeht, kann

er nicht verhindern. Er hat es ja gezeichnet und gemalt in tausend Variationen des Elends, der Begierde, des kurzen Glücks. Erklären kann er es keinem, der danach fragt. Er kniete damals vor dem sterbenden Vater, küsste nicht die Stirn, die von ihm abgewandt blieb, sondern den strähnigen und viel zu heißen Hinterkopf, spürte danach Salziges auf seinen Lippen, erhob sich, ging hinaus, tränenlos.

Nach der Beerdigung ließ ihm die Mutter eine Botschaft zukommen: Sie wünsche ihn, Louis, nicht mehr bei sich im Haus, er solle zurück in seine Mansarde am See, die habe man für ihn weiter reserviert gehalten. Als ob sie geahnt hätte, dass der Sohn, als Vertriebener, zurückkehren werde. Und zugleich bekam er vom Notar die Nachricht, ein kleiner Erbteil werde ihm seinen Lebensunterhalt in nächster Zeit ermöglichen. Die Familie erwarte allerdings, dass er über kurz oder lang auf eigenen Füßen stehe. Was immer das bedeuten mochte, denkt Louis, als diese Formulierung in seinem vagabundierenden Gedächtnis auftaucht. Das Geld, immer das Geld. Er wusste längst, wie sehr er es verachtete und wie sehr er darauf angewiesen war; jede Bemühung von seiner Seite, einen umsichtigen Zugang zum Geld und zum Geldverkehr zu finden, war indessen vergeblich. Die Beschäftigung mit Geld ließ ihn frieren und innerlich erstarren. Er wollte ja nie jemandem bewusst zur Last fallen, und doch führte diese kindliche Rechenschwäche dazu, dass er bevormundet wurde. Seine Unfähigkeit, sich die Grundoperationen anzueignen, war schon in Colorado Springs eine Quelle unaufhörlicher Vorwürfe von Madge gewesen. Sie glaubte ernsthaft, dass er sie provozieren wollte, dass sein Unwille den Zahlen gegenüber gespielt sei. Er möchte Madge, so lange danach, von sich fernhalten, sich vor ihr wegducken, er möchte die Zähne, die sie im Lachen und in der offenen Wut zeigte, nicht sehen müssen, er fürchtet sich noch jetzt vor diesem Gebiss, verschließt, allein im Zimmer, den eigenen, beinahe zahnlosen Mund, der faltig und tief eingesunken ist, so tief, dass er sich im Spiegel nicht mehr anschauen mag. Seine Augen können knapp noch die Schlagzeilen der *Gazette* entziffern oder erraten, aber er weiß ja ohnehin, was weit draußen, in Frankreich, in Russland, geschieht. Der Mensch ist des Menschen größter Feind, das ist keine Behauptung, das ist ein Flammenzeichen, das sich in ihm täglich einbrennt, trauern muss man um der Menschen willen. Dabei sind sie doch auch fähig zur Liebe. Wir waren es nicht, Madge, oder nur am Anfang, und dann haben wir einander verjagt, unfähig, unsere Gegensätzlichkeit auszu-

halten, die uns ein paar Monate unermesslich kost-
bar schien. Wie mag es dir jetzt gehen, Madge?
Lebst du noch? Atmest du noch? Mein Vater lebt
nicht mehr, meine Mutter auch nicht, und Jeanne
hat mich vor langer Zeit verlassen. Soll ich meine
Blätter verbrennen? Ich tue es nicht, sie werden
von mir zeugen.

33
Charles-Edouard

Ich fuhr nicht mehr nach Ballaigues. Antoinette, mit der ich sparsam korrespondierte, besuchte Louis ab und zu und berichtete mir, wie es ihm ging. Unverändert, schrieb sie, er male weiterhin und brauche dazu nur noch die Finger, Blatt um Blatt bedecke er mit seinen angsterregenden Figuren. Ich selbst war rastlos unterwegs in meiner Mission des Bauens nach menschlichem Maß, ich war in Brüssel, Stockholm, Rio, ich malte, ich entwarf, ich überwachte die Mitarbeiter in meinem Pariser Architekturbüro, ich nahm Orden und Auszeichnungen entgegen, wurde überall, wo ich eintraf, als Berühmtheit behandelt. Er, Louis, blieb an Ort und Stelle, reiste im Kopf in die Schattenwelt des Hades und selten nach Arkadien, bedeckte Hunderte und Tausende von Blättern mit seinen Eingebungen, bis er die Finger kaum noch bewegen konnte. Es war nicht möglich, ihn von Ballaigues wegzubringen, nur auf seinen Fußwanderungen entrann er dem

Heim und kam wieder zurück. Er hätte sich, wie in seinen jüngeren Jahren, einen Raum in Morges, am See, gewünscht, aber es gab keine Instanz, die ihn aus seiner haftähnlichen Situation entlassen wollte. Letztlich brauchte er sie wohl, damit als Gegenkraft seine Kreativität ohne Fesseln war. Ich meinerseits schrieb über den Urbanismus, plante neue Städte, schlug zugunsten der Moderne den Abriss ganzer Viertel vor, was die Anhänger des Alten nicht goutierten. Louis dagegen widmete sich in Ballaigues dem unaufhörlich wachsenden Reigen seiner Schattenfiguren. 1939, als der Krieg ausbrach, ging mir auf, dass es im Grunde ein endloser Totentanz war, an dem er malte, Blatt um Blatt, ein Tanz, der nicht nur Leid, sondern ebenso Lebensgier ausdrückte, ähnlich wie bei den mittelalterlichen Totentänzen, die nach Pestzügen entstanden und neben Betenden auch Besoffene und Kopulierende zeigen. So empfinde ich es heute, 1955, kurz vor der Einweihung meiner Kapelle in Ronchamp, die vielleicht das Einzige von mir gewesen wäre, was Louis gefallen hätte. Ich nahm ja hier in meinen Entwürfen, wie nirgendwo sonst, seine geschwungenen Linien auf, das Bauchige, die Muschelmotive, fehlende Symmetrie drinnen und draußen, ich verließ die Geraden, und das hatte ich von ihm, niemand merkte es von den Lobrednern bei der viel zu langen und viel zu pompösen Eröffnungsfeier inmitten der Mönche und des Klerus. Mit Yvonne lachte ich später über diese Inszenierung in Weihrauchwolken. Aber das Monumentale hatte mich vorher lange genug im Griff, ich hatte nach der Besetzung Frankreichs durch die deutsche Übermacht auf Großaufträge gehofft, die mir freie Hand lassen würden, ich hoffte auf Mussolini, der doch die alten Römer zum Vorbild hatte, und nachdem auch Hitler und seine Minister meine Eingaben, meine höflichen Briefe samt Skizzen ignoriert hatten, hoffte ich auf Vichy-Frankreich, auf die unbesetzte Zone im Süden. Ich löste mein Büro in Paris auf, ließ mich für Monate in Vichy nieder und versuchte, zum greisen Marschall Pétain Kontakt aufzunehmen, der sich, wie man mir gesagt hatte, gewiss für meine Architektur und meine Pläne von lichtdurchströmten Siedlungen mit Dachterrassen erwärmen könnte, auch dafür, das verwinkelte Alte abzureißen und Neues zu bauen. Nein, nicht die großen Kathedralen sollten verschwinden, aber die Enge ringsherum mit den schmutzigen Gässchen, den offenen Abfallgruben. Luft und Licht für den neuen Menschen, das war meine Devise! Ich und meine Mitarbeiter mussten antichambrieren und bekamen doch keinen direkten Zugang zum Marschall. Unsere Pläne wanderten durch die im Aufbau begriffene Bürokratie und verschwanden in Schubladen oder Papierkörben. Mit unteren Chargen führten wir nutzlose Gespräche, sie stimmten uns zu und halfen uns nicht weiter. Ich war ernüchtert, brach den Versuch ab, zu mehr Einfluss und Bedeutung in der neuen Weltordnung zu gelangen, die, wie ich allzu lange dachte, von den Deutschen dominiert sein würde, trotz des Eintritts der USA in den Krieg, und kehrte desillusioniert nach Paris zurück.

Der Krieg nahm seinen Lauf, mit allen Schrecklichkeiten, wer hätte nun noch wie Gabriele D'Annunzio seine Schönheit besungen? D'Annunzio hatte den Ausbruch des zweiten großen Kriegs nicht mehr erlebt, er war im Jahr vorher gestorben. Aber er hatte den todesmutigen Duce in den Himmel gehoben, als er Abessinien angriff und einen billigen Sieg errang. Da malte Louis schon längst nur noch mit den Fingern, uneinsichtig und dickköpfig, wie er war. Vermisste er mich? Er scheint nach unserem Streit nicht mehr nach mir gefragt und sich vollkommen in seiner Arbeit vergraben zu haben.

In den letzten Februartagen 1942 – dreizehn Jahre sind es her – bekam ich aus Ballaigues die Nachricht, mein Cousin Louis Soutter sei in seinem Zimmer tot aufgefunden worden; er sei nur noch

Haut und Knochen gewesen, man habe ihn bereits beerdigt. Die Leiterin des Heims hatte meine Adresse ausfindig gemacht und mich informiert. Es war ein Schock. Louis hatte auch bei unseren letzten Begegnungen, auf unseren Wanderungen zäh gewirkt, seine Schritte hatten sich in den zehn Jahren, da wir uns kannten, kaum verlangsamt. Er schien, wenn er mir vorausging, über die Energie eines weit jüngeren Mannes zu verfügen.

Hatte es für ihn in der Kirche von Ballaigues eine Abdankung gegeben? Ich erkundigte mich nicht danach, es war ohnehin nicht mehr möglich, daran teilzunehmen. Die Leiterin schrieb, niemand wisse, was mit den Bildern von Soutter geschehen solle. Ob ich nicht nach Ballaigues kommen könnte, um den Nachlass zu sichten. Yvonne, die Louis gar nie kennengelernt hatte, war dagegen, aber ich brach ohne lange Umstände auf, ich wollte nicht, dass Louis' Arbeiten verfeuert wurden wie in früheren Jahren, von Angestellten, die dieses Gekritzel für wertlos hielten.

In Ballaigues schien mir alles unverändert, der Lärmpegel im unteren Stock, das Gewusel der Insassen, die miteinander stritten und lachten, das plötzliche Geschrei, die Zurechtweisungen durch das überforderte Personal, der widerliche Geruch, die reservierte Freundlichkeit der Vorsteherin in ihrem winzigen Büro. Wie hatte es einer wie Louis hier neunzehn Jahre aushalten können?

Jemand führte mich in sein ehemaliges Zimmer, es war abgeschlossen und roch abgestanden wie früher. Ich hatte den Drang, das Fenster aufzureißen, und tat es nicht. Soutters Blätter lagen in mehreren Stapeln und Schachteln an der Wand, für sie gab es mehr Platz als vorher, das Bett war weggeräumt, vermutlich wurde es anderswo gebraucht. Die Aufsicht ließ mich allein, ich solle aussortieren, was beseitigt werden könne. Ich fing mit den früheren Werken an, die mich sogleich wieder in Bann schlugen, und brachte es nicht über mich, auch nur ein einziges Blatt der Vernichtung zu überlassen. Den Stapel mit den Fingermalereien ließ ich erst auf der Seite, fing dann doch an, sie durchzusehen, und erkannte zu meiner Überraschung plötzlich die Kraft in diesen Figuren, vor der ich zurückgeschreckt war, ich sah in ihnen das Ungestüme, Barbarische, das Verzweifelte, ich sah die Sehnsucht in ausgestreckten, aber leer bleibenden Armen, in aufwärts gerichteten Gesichtern, die kaum mehr waren als Andeutungen und doch aussagekräftig wie halb entstellte Skulpturen. Dies alles musste aufbewahrt werden, nichts sollte verschwinden. Dann kam mir das Blatt in die Hände, das Louis mit *Avant le massacre* betitelt hatte, auch das Datum stand dabei, der 1. September 1939. Es war der Tag des Angriffs der Deutschen auf Polen, der Beginn des Weltkriegs. Jemand mit erhobenen Händen wurde von zwei Schergen gequält. Grau und Schwarz, ineinanderfließend. Eine Figur ganz rechts mit übergroßem Bauch. Wer war das? Und waren es Fackeln, die die Schergen trugen, oder Waffen? Nirgends Blut, aber ganz oben am Rand eine Reihe von gelbroten Flecken. Diese Vieldeutigkeit hatte ich Louis verübelt. Auch die Kunst, das war meine Überzeugung, brauchte Klarheit. Jetzt, nach den ersten Kriegsjahren, die so viele Leben gekostet hatten, verstand ich besser, dass das Vieldeutige auch dem Betrachter eine Wahl lässt. Was will er sehen? Auf wessen Seite steht er? Louis zeigte die Schrecken und die mögliche Rettung, und er selbst wusste nicht, wohin es die Welt treiben würde; seine Finger, seine Arme, sein Körper stellten dar, was er innerlich sah. Im Februar 1942, als Louis unbemerkt in seinem Zufluchts- und Schöpfungsort starb, deutete erst wenig darauf hin, dass das Heldenhafte, das scheinbar Triumphale, das die Welt beherrschte, unterliegen würde. Die deutschen Armeen saßen zwar, wie wir heute wissen, vor Moskau fest, doch ihre Propagandamaschine, deren machtvolle Ästhetik ich bewundert hatte, verkündete das Gegenteil, und die Wende von Stalingrad mit ihren Hunderttausenden Opfern stand noch bevor. Das Blatt *Avant le massacre* legte ich damals zurück und hatte beinahe das Gefühl, meine Fingerspitzen daran verbrannt zu haben.

Es wurde dämmrig in Louis' ehemaligem Zimmer. Einen Augenblick erlag ich der Illusion, er sei da, mir schien sogar, ich hörte sein seltsames, von tief unten aufsteigendes Kichern, mit dem er mich jeweils an meinen Platz gewiesen hatte, den des Utopisten, der an die Wohltaten der Diktatur glauben wollte. Ich musste weg, hatte nichts aussortiert. Ich verließ beinahe fluchtartig diesen Raum, gewann draußen meine Fassung zurück, ich sagte der Vorsteherin, ich würde dafür sorgen, dass Soutters Werk die gebührende Aufmerksamkeit fände. Meine Stimme hob sich, als ich ihr im Namen der Kunst verbot, etwas davon beiseitezuschaffen oder gar zu zerstören. Zusammen mit dem Malerfreund Auberjonois sorgte ich dafür, dass die Werke meines Cousins vorläufig in ein Archiv kamen und zum einen oder anderen Kunsthändler, der hoffte, mit den frühen Bildern ein Geschäft zu machen. Was mit dem Nachlass weiter geschah, weiß ich nicht, ich hatte nicht die Kraft und auch nicht die Zeit, mich darum zu kümmern. Der Friedensrichter von Morges hat dann offenbar einen großen Teil davon veräußert. An Sammler, an Museen. Einige Blätter sind bei mir geblieben, aber keine Fingermalereien. Es kostet mich zu viel Überwindung, sie anzuschauen, sie verfolgen mich bis in meine Träume.

Nachwort

Die große Soutter-Ausstellung 2002 im Kunst-
museum Basel war für mich eine Art künstlerisches
Offenbarungserlebnis. Fast ungläubig ging ich damals durch die Säle und fragte mich, wie es möglich
sein konnte, dass Soutters Zeichnungen und vor
allem die späten Fingermalereien mich derart packten. Es sind wohl die Kraft und die Dringlichkeit
seiner tanzenden Figuren, die den Betrachter nicht
loslassen; sie sind in meinen Augen ebenso mit
der Nähe des Todes wie mit der Feier des Lebens
verbunden. Der umfangreiche Katalog der Basler
Ausstellung inspirierte mich mit vielen Beiträgen
und persönlichen Erinnerungen von Zeitgenossen.
Damals begannen mich auch Soutters Biographie,
seine Doppelbegabung als Musiker und Maler, sein
Verhältnis zu Ysaÿe und Le Corbusier zu beschäf-
tigen. Ich las die erhellenden Publikationen des
Kunsthistorikers Michel Thévoz über Soutter, die
schon ab 1974 erschienen waren; ihnen verdanke
ich vieles. Soutters wegen fuhr ich mehrere Male

nach Lausanne, wo einige seiner Werke damals noch im »Musée de l'art brut« hingen. Der Plan, mich Soutter als Schriftsteller zu nähern, wuchs langsam. Über Jahre ging ich seinen Spuren nach, auch zu Fuß, wie er selbst, und jetzt habe ich es gewagt, dieses Buch zu schreiben.

Lukas Hartmann, im Sommer 2020